Sueño de una noche de verano

Sueño de una noche de verano

William Shakespeare

Traducción: Isobel Richardson

Diseño de cubierta: Alejandro Díaz
Maquetación: Saul Rojas

Edita: Plutón Ediciones X, s. l.,
E-mail: contacto@plutonediciones.com
http://www.plutonediciones.com

Impreso en España / Printed in Spain

I.S.B.N: 979-13-87692-99-5
Depósito Legal: B-15377-2025

Prólogo

William Shakespeare es considerado una de las figuras más influyentes del teatro y la literatura universal. Nacido en Inglaterra en 1564, su legado se extiende a través de obras que exploran las pasiones humanas más profundas. Entre tragedias, comedias y dramas históricos, su genio ha perdurado a lo largo del tiempo.

Sueño de una noche de verano, escrita probablemente entre 1595 y 1596, es una de sus comedias más celebradas y enigmáticas. Ambientada en una Atenas idealizada y en un bosque encantado, la obra entrelaza los destinos de cuatro amantes, una compañía de actores aficionados y un mundo mágico gobernado por hadas. Esta mezcla de realismo, fantasía y teatro dentro del teatro da lugar a una trama lúdica, cambiante y profundamente simbólica.

Más allá de su aparente ligereza, la obra explora temas fundamentales como la naturaleza del amor, la ilusión, el deseo y la transformación. Shakespeare construye un universo donde los sentimientos humanos se reflejan en lo sobrenatural y donde los límites entre el sueño y la vigilia se difuminan. El bosque, como espacio simbólico, permite que los personajes se enfrenten a sus pasiones más ocultas y regresen transformados, como si el amor fuera también una forma de hechizo.

Uno de los grandes logros de esta comedia es su capacidad para articular múltiples niveles de lectura. Lo que parece un simple enredo amoroso se convierte en una reflexión sobre el teatro mismo, sobre el arte de fingir, de imaginar y de representar. Personajes como Puck, el duende travieso, y la torpe pero entrañable compañía teatral encabezada por Bottom, aportan un humor que convive con momentos de extraña poesía y melancolía.

Sueño de una noche de verano ocupa un lugar central en la obra de Shakespeare por su originalidad estructural, su riqueza simbólica y su profundidad emocional. Es una celebración del arte dramático como espacio donde todo puede suceder, donde el caos se ordena y donde incluso los errores pueden conducir a la armonía. A lo largo de los siglos, esta obra ha sido leída y representada como una oda al poder de la imaginación, y sigue fascinando por su capacidad de hablar de lo humano desde lo fantástico.

En este sueño teatral, Shakespeare nos recuerda que el amor, como el teatro, puede ser confuso, caprichoso e incluso absurdo, pero también es el lugar donde la humanidad se reinventa a sí misma una y otra vez.

Sueño de una noche de verano

Dramatis personae

Teseo, duque de Atenas.

Egeo, padre de Hermia.

Lisandro y Demetrio, pretendientes de Hermia.

Filóstrato, director de fiestas de Teseo.

Cuña, carpintero.

Berbiquí, ebanista.

Lanzadera, tejedor.

Flauta, remiendafuelles.

Hocico, calderero.

Hambrón, sastre.

Hipólita, reina de las Amazonas, prometida de Teseo.

Hermia, hija de Egeo, enamorada de Lisandro.

Elena, enamorada de Demetrio.

Oberón, rey de las hadas.

Titania, reina de las hadas.

Puck, o Robin "el buen chico", duendecillo.

Chicharillo, Telaraña, Polilla y Mostaza, hadas que sirven a Titania.

Píramo, Tisbe, Muro, Claro de Luna y León, personajes del entremés.

Otras hadas al servicio de los reyes.

Séquito de Teseo e Hipólita.

Acto I

ESCENA I

En Atenas, en un bosque cercano, y en el palacio de Teseo.

Entran TESEO, HIPÓLITA, FILÓSTRATO y otros acompañantes.

TESEO.- Querida Hipólita, ya se acerca el momento de nuestra boda. La luna nueva también traerá cuatro días de pura felicidad, pero ¡oh, cuánto tarda en menguar, qué lenta me parece esa pobre vieja! Está aniquilando mis esperanzas como si fuera una suegra o una viuda que no termina de morirse y continúa día tras día consumiendo el dinero del joven heredero.

HIPÓLITA.- Cuatro días terminarán cediendo, muy pronto, a tantas otras noches. Y cuatro noches, muy pronto, serán testigo de cómo se escapa y vuela el tiempo igual que un sueño, y entonces, ese arco de plata recién doblado que brilla en el cielo, la luna, iluminará la noche de nuestra ceremonia.

TESEO.- Filóstrato, prepárate. Ve y organiza las diversiones para los jóvenes; ve y despierta el espíritu alborotado y vivaracho de la alegría.

Posterga la tristeza para los rituales fúnebres; justo ahora a nuestro jolgorio no le conviene una compañera tan pálida.

(Se va FILÓSTRATO.)

Hipólita, con mi espada me gané tu corazón y me convertí en el merecedor de tu amor al ofenderte. Pero me voy a casar contigo de un modo completamente diferente, en medio de la victoria, las fiestas y la opulencia.

(Aparecen EGEO, HERMIA, LISANDRO y DEMETRIO.)

EGEO.- ¡Felicidades a Teseo, nuestro magnífico duque!

TESEO.- ¡Gracias, querido Egeo! ¿Qué vienes a hacer por aquí?

EGEO.- Vengo aquí, lleno de aflicción, a presentarle una queja contra mi hija Hermia. Acérquese, Demetrio... Este hombre posee mi autorización para casarse con ella. Acérquese, Lisandro... Pero este, amable duque, cautivó por completo el corazón de mi niña. Tú, tú, Lisandro; tú le has escrito algunos versos y le has regalado detalles amorosos. Al pie de su ventana y a la luz de la luna le has cantado, con voz embaucadora, baladas de un amor falso. Y valiéndote de los rizos de tu cabello, adornos, anillos, tonterías, caprichos, ramos de flores, chucherías y golosinas, has trastornado las ideas de su imaginación con todos estos mensajes que habitualmente son los que terminan prevaleciendo en la juventud ingenua. Con artificios has pervertido el corazón de mi hija, transformando la disciplina que me debe en una constante obstinación. Dicho esto, magnífico duque, si aquí y ahora, en presencia de su majestad, mi hija no acepta casarse con Demetrio, demando entonces el antiguo privilegio de Atenas. Dado que es mi hija y me pertenece, puedo disponer de ella a mi antojo, y deberá escoger entre casarse con este caballero o la muerte inmediata, ya que así lo dictan nuestras leyes estipuladas para un caso como este.

Teseo.- ¿Qué opinas, Hermia? Piensa y reflexiona bien sobre esto, hermosa muchacha. Para ti, tu padre debería ser como un dios, el único autor de tu afabilidad, sí, y únicamente él podrá tratarte como si tú fueras una cera moldeable sobre la que él tiene el poder y, por lo tanto, puede cambiarla o mantener la forma. Demetrio es un hombre digno.

Hermia.- Lisandro también es un hombre digno.

TESEO.- En lo personal, sí lo es; pero ya que este no cuenta con la aprobación de tu padre, el otro debe ser el favorito.

HERMIA.- ¡Me gustaría que mi padre fuese capaz de mirar con mis ojos!

TESEO.- Más bien deberían ser tus ojos los que miraran con su sensatez.

HERMIA.- Le suplico a su merced que me perdone. No entiendo qué impulso oculto me obliga a comportarme así de atrevida ni en qué medida me sea favorable hablar así de mis sentimientos en presencia de una persona tan excelsa; pero le ruego a su merced que me explique qué es lo peor que puede suceder en caso de que me niegue a casarme con Demetrio.

TESEO.- O eliges la muerte, o renuncias para siempre a la vida entre los hombres. Así que, Hermia, hermosa joven, escucha a tu corazón, considera tu edad, piensa bien en tus deseos y pregúntate si, al desobedecer la voluntad de tu padre, podrías soportar una vida encerrada en un convento, en la sombra, dedicada a cantar himnos apagados a la fría y estéril luna.

Tres veces benditas son aquellas que logran dominar sus pasiones y emprenden con firmeza ese camino de pureza, pero más afortunada es la rosa que compartimos, cuya esencia disfrutamos, que la que se marchita en su tallo virgen, creciendo, viviendo y muriendo en solitaria bendición.

Hermia.- Prefiero crecer, vivir y morir así, señor, antes que entregar mi cuerpo a un hombre cuya autoridad mi alma no acepta y cuyo amor no quiero.

Teseo.- Piénsalo bien. Para la próxima luna nueva, que será el día en que me uniré en matrimonio con mi prometida, deberás estar lista para una de estas tres cosas: morir por desobedecer a tu padre, casarte con Demetrio como él quiere, o hacer un voto eterno ante el altar de Diana, comprometiéndote a una vida de castidad y soledad.

Demetrio.- Cede, dulce Hermia, y tú, Lisandro, abandona tu absurda pretensión, pues es evidente que el derecho me pertenece.

Lisandro.- Tienes el cariño de su padre, Demetrio. Entonces cásate con él, y déjame a Hermia.

Egeo.- ¡Atrevido, Lisandro! Es cierto que tiene mi afecto, y por eso le entrego lo que es mío. Y como Hermia me pertenece, transfiero a Demetrio todos mis derechos sobre ella.

Lisandro.- Señor, tengo un linaje tan noble como el suyo y mi posición social es igual. En amor, lo supero; mi fortuna es, en todo caso, tan buena como la de Demetrio, si no mejor. Y, lo que vale más que cualquier riqueza, Hermia me ama. ¿Por qué, entonces, no he de defender mi derecho? Demetrio —y lo digo frente a él— cortejó a Elena, hija de Nedar, y se ganó su corazón; y ella, pobre mujer, lo ama profundamente, lo adora con todo su ser, a pesar de que él ha sido inconstante y desleal.

Teseo.- He escuchado algo de eso, y tenía intención de hablar con Demetrio, pero mis asuntos me lo hicieron olvidar. Ven conmigo, Demetrio, y tú también, Egeo; necesito hablar con ustedes en privado. Y tú, Hermia, intenta adaptar tu voluntad a la de tu padre o prepárate para afrontar la ley de Atenas, que no podemos cambiar: o la muerte, o la vida célibe.

Vamos, querida Hipólita, ¿cómo te sientes, amor mío?

Demetrio, Egeo, acompáñenme; necesito confiarles algunas cuestiones sobre la boda y tratar otros asuntos que también les conciernen.

Egeo.- Le seguimos, con gusto y obediencia.

Lisandro.- ¿Qué te pasa, amor mío? ¿Por qué

tus mejillas están tan pálidas? ¿Por qué se han ido tan pronto sus colores?

HERMIA.- Imagino que por falta de lluvia... aunque bien podría regarlas con la tormenta que brota de mis ojos.

LISANDRO.- Ay... Nunca he leído en historia o cuento alguno que el amor verdadero haya tenido un camino fácil. Siempre hay obstáculos: a veces es la diferencia de clase...

HERMIA.- ¡Qué tortura! ¡Unir lo alto con lo bajo!

LISANDRO.- Otras veces, la diferencia de edad...

HERMIA.- ¡Qué dolor! ¡La vejez abrazando a la juventud!

LISANDRO.- O la oposición de los amigos...

HERMIA.- ¡Eso es el infierno! ¡Amar según los ojos de otros!

LISANDRO.- Y si aún con todo eso el amor se elige con el corazón, entonces aparecen la guerra, la muerte, la enfermedad... que lo cortan de raíz. El amor se vuelve tan fugaz como un eco, tan rápido como una sombra, tan breve como un sueño, tan veloz como un rayo en la oscuridad que ilumina por un segundo el cielo y la tierra y desaparece antes de que podamos decir "¡Mira!". Así de rápido se desvanecen las cosas hermosas.

Hermia.- Si el verdadero amor siempre ha tenido obstáculos, entonces debe ser el destino. Aprendamos a aceptar con paciencia, porque sufrir por amor es tan natural como soñar despiertos, suspirar, desear, llorar… todo eso que acompaña a la fantasía.

Lisandro.- Buen consejo. Entonces escúchame, Hermia: tengo una tía viuda, muy rica y sin hijos. Vive a unas siete leguas de Atenas, y me quiere como si fuera su hijo. Allí, querida Hermia, puedo casarme contigo, porque la ley de Atenas no llega hasta su casa.

Si de verdad me amas, escápate mañana por la noche de la casa de tu padre. Yo te esperaré en el bosque, a una legua de la ciudad, en el mismo lugar donde una vez te encontré con Elena, cuando ibais a celebrar los rituales del amanecer de mayo.

Hermia.- ¡Mi querido Lisandro! Te lo juro por el arco más fuerte de Cupido, por su flecha dorada, por las palomas blancas de Venus, por todo lo que une las almas y protege los amores… y por ese fuego que quemó a la reina de Cartago cuando vio partir al traidor troyano… te juro que mañana, sin falta, estaré contigo.

Por todos los juramentos que han roto los

hombres, que son más que todas las promesas de las mujeres, mañana me fugaré contigo.

LISANDRO.- ¡Cumple tu palabra, amor mío! Mira, ahí viene Elena.*(Aparece ELENA.)*

HERMIA.- ¡Que Dios te guarde, hermosa Elena! ¿Adónde vas?

ELENA.- ¿Hermosa? No me digas eso… ¡Demetrio es quien ama la belleza! ¡Feliz tú, que la tienes! Tus ojos son como estrellas del norte, y tu voz más dulce que el canto de la alondra cuando los campos están en flor. Las enfermedades se contagian... ¡ojalá la belleza también lo hiciera! Si así fuera, al acercarme a ti, se me pegaría tu voz, tu mirada, tu forma de hablar. Si el mundo fuera mío —menos Demetrio— lo cambiaría todo con tal de ser tú. ¡Dime, por favor, cómo lo logras! ¿Con qué magia has conquistado su corazón?

HERMIA.- Lo miro con desprecio, y aún así me ama.

ELENA.- ¡Ojalá mis sonrisas tuvieran el mismo poder que tu ceño!

HERMIA.- Lo maldigo, y sin embargo me adora.

ELENA.- ¡Ojalá mis ruegos provocaran el mismo efecto!

HERMIA.- Cuanto más lo rechazo, más me busca.

Elena.- Cuanto más lo amo, más me odia.

Hermia.- Su obsesión no es culpa mía, Elena.

Elena.- No, pero sí de tu belleza. ¡Y ojalá esa culpa fuera mía!

Hermia.- No te preocupes: no volverá a verme. Lisandro y yo vamos a escapar de aquí.

Antes de conocerlo, pensaba que Atenas era un paraíso. Pero ahora, por amor, ese paraíso se volvió un infierno.

Lisandro.- Elena, vamos a contarte nuestro plan: mañana por la noche, cuando la luna refleje su luz plateada en el agua y decore con perlas líquidas las hojas del césped —una hora perfecta para la fuga de los enamorados—, cruzaremos a escondidas las puertas de Atenas.

Hermia.- Y en el bosque, donde tú y yo, Elena, solíamos tumbarnos en camas de flores y compartir nuestros secretos, ahí me encontraré con Lisandro. Dejaremos atrás Atenas, buscando nuevos amigos y un destino diferente.

¡Adiós, dulce amiga de la infancia! Ruega por nosotros, y que la suerte te devuelva el amor de Demetrio.

¡No falles, Lisandro! Hasta mañana a medianoche nuestros ojos deberán soportar la tristeza de estar separados.

(HERMIA se va.)

LISANDRO.- Así será, mi amada Hermia.

¡Adiós, Elena! Ojalá Demetrio llegue a amarte tanto como tú lo amas a él.

(Se va LISANDRO.)

ELENA.- ¡Pero qué felices logran ser unos antes que otros! En toda Atenas se me considera igual que ella por su belleza pero, ¿acaso me sirve de algo? Demetrio no lo ve de esta forma. Se niega a aceptar lo que todos aceptan, menos él. Y de la forma en que él se engaña, deleitado con los ojos de Hermia, yo también me ciego cada vez más, enamorándome de sus cualidades. Es cierto que el amor puede transformar las cosas bajas y sucias en dignas e increíbles. El amor no observa con los ojos sino con el alma, y por eso al Cupido alado lo pintan ciego. Ni siquiera en la mente del Amor se ha registrado alguna señal de sensatez. Las alas sin ojos son un símbolo de un apresuramiento totalmente imprudente y, por culpa de esto, se suele decir que el amor es un niño, porque al momento de tomar decisiones se equivoca continuamente. Así como se ve a los niños traviesos hacer trampas en sus juegos y promesas, así el joven Amor es desleal en todas partes. Porque antes de observar a Demetrio con los ojos de Hermia, me llovió de promesas, diciéndome que él era solo mío y, cuando la lluvia sintió el calor de su cercanía, se esfumó, diluyéndose por completo todas esas promesas que cayeron como un chaparrón. Pero le voy a contar la fuga de la hermosa Hermia; no dejará de perseguirla ni por la mañana ni por la noche en el bosque, y si le aviso, con que solo me dé las gracias ya será un alto precio que habré recibido. Será suficiente para mí poder calmar mi pena allá, mirarle y tornar.

(Se va Elena.)

Escena II

Una habitación en casa de Cuña, el carpintero.

Entran Cuña, Berbiquí, Lanzadera, Flauta, Hocico y Hambrón.

Cuña.- ¿Ya estamos todos aquí?

Lanzadera.- Lo mejor sería que fuésemos leyendo los nombres de uno en uno, según aparecen en la lista.

Cuña.- Aquí tengo el listado con los nombres de todos los que, en Atenas, se creen capaces de actuar en el entremés que vamos a presentar ante el duque y la duquesa la noche de su boda.

Lanzadera.- Primero dinos de qué trata la obra, querido Pedro Cuña, y luego ya mencionas a los actores. Así sabremos cómo organizarnos.

Cuña.- Muy bien. Vamos a representar una obra que se titula: *La tristísima comedia y la muy cruel muerte de Píramo y Tisbe.*

Lanzadera.- ¡Es un excelente título! Seguro que será un éxito total. Ahora, Pedro Cuña, empieza a llamar a los actores por orden. ¡Señores, nos ponemos en fila!

CUÑA.- Respondan cuando escuchen su nombre. ¡Colás Lanzadera, el tejedor!

LANZADERA.- Aquí estoy. Dime qué papel me toca y continúa.

CUÑA.- A ti te corresponde interpretar a Píramo.

LANZADERA.- ¿Y ese Píramo qué es? ¿Un enamorado o un tirano?

CUÑA.- Un enamorado que se quita la vida por amor.

LANZADERA.- Eso requiere algunas lágrimas, sin duda. Si ese papel me toca, que el público se prepare para cuidar sus ojos, que los voy a hacer llorar. Lo haré con toda el alma. Pero, la verdad, lo mío son los tiranos. Podría hacer de Hércules o cualquier personaje furioso, de esos que lo rompen todo.

(Declama de forma exagerada.)

Las rocas duras crujirán,
y temblando de miedo,
romperán los cerrojos
de la prisión oscura.
Y el carro del sol,
que debe brillar a lo lejos,
causará ruina y tragedia
a los destinos del mundo.

¡Esto es actuar! Pero bueno, sigue con los demás. Ese era el estilo de Hércules, el estilo del tirano. El de un enamorado es más sensible, mucho más suave.

CUÑA.- ¡Francisco Flauta, el que repara fuelles!

FLAUTA.- ¡Presente, Pedro Cuña!

CUÑA.- A ti te toca hacer de Tisbe.

FLAUTA.- ¿Y Tisbe quién es? ¿Es un caballero?

CUÑA.- ¡No! Es la joven de la que se enamora Píramo.

FLAUTA.- Ah, no, por favor, no me pongan a hacer de mujer. Ya me está empezando a salir la barba.

CUÑA.- No importa, te vamos a dar una máscara para que la uses, y puedes cambiar la voz todo lo que quieras.

LANZADERA.- Si se trata de taparse la cara, déjenme a mí hacer también de Tisbe. Hablaré con una vocecita dulce: *¡Tisbe, Tisbe! ¡Ay, Píramo, mi amor! ¡Soy yo, tu querida Tisbe, tu enamorada!*

CUÑA.- No, no. Ni hablar. Tú vas a ser Píramo, y Flauta hará el papel de Tisbe.

LANZADERA.- Está bien, continúa.

CUÑA.- ¡Ruperto Hambrón, el sastre!

Hambrón.- ¡Aquí, presente, Pedro Cuña!

Cuña.- Ruperto, tú harás de la madre de Tisbe. ¡Tomás Hocico, el calderero!

Hocico.- ¡Aquí estoy, Pedro Cuña!

Cuña.- Tú harás el papel del padre de Píramo. Y yo haré del padre de Tisbe. Y tú, Berbiquí, el carpintero, vas a interpretar al León. Y con eso, ya quedarían repartidos todos los papeles de la obra.

Berbiquí.- ¿Tienes por escrito lo que debo decir? Por favor, dámelo si lo tienes, porque yo aprendo lento. Necesito mi tiempo.

Cuña.- No hace falta que memorices muchas cosas. Solo tienes que rugir.

Lanzadera.- ¡Déjame a mí hacer del León! Yo voy a rugir tan bien que será todo un placer escucharme. Rugiré tan fuerte que el duque va a decir: *¡Otra vez, que ruja otra vez!*

Cuña.- No, no puedes rugir tan fuerte, asustarías a la duquesa y a las otras damas. Podrían gritar del miedo, y eso sería motivo suficiente para que todos termináramos ahorcados.

Todos.- ¡Nos colgarían sin dudarlo ni un segundo!

Lanzadera.- Tienen razón, amigos. Si asustamos a las damas al punto de desmayarlas, seguro que terminamos ahorcados. Pero puedo rugir suave, como una tierna paloma. Puedo rugir como un ruiseñor, si quieren.

Cuña.- No puedes hacer otro papel que el de Píramo, porque es un personaje muy simpático, guapo como un día de verano, amable y muy cortés. Así que es necesario que seas tú quien lo represente.

Lanzadera.- Bueno, está bien, yo me encargo. ¿Qué tipo de barba debo llevar para interpretarlo mejor?

Cuña.- Pues la que tú prefieras.

Lanzadera.- Entonces usaré una barba dorada como la paja, o anaranjada, o morada, o del color amarillo brillante de la corona francesa.

Cuña.- Algunas coronas francesas no tienen pelo… tendrías que salir calvo. Pero bueno, aquí están sus papeles. Les pido, les ruego, les encarezco que los aprendan para mañana por la noche. Vamos a ensayar a la luz de la luna, en el bosque del palacio, a una milla de aquí. Si ensayamos en la ciudad, se nos llenará de curiosos y todos sabrán de qué va nuestra obra. Mientras tanto, haré una lista de lo que necesitamos para la escenografía. ¡No me fallen!

LANZADERA.- Nos veremos allí, y podremos ensayar tranquilos, sin presión. Tú encárgate de todo eso; hazlo bien. ¡Hasta luego!

CUÑA.- La cita es bajo la encina del duque.

LANZADERA.- Perfecto. O herrar el caballo, o quitar el banco. ¡Como sea que salga!

(Se van.)

Acto II

Escena I

Un bosque tupido, cerca de Atenas.

Aparecen por distintos lados un Hada y Puck.

Puck.- ¡Hola, espíritu! Dime, ¿hacia dónde te diriges vagando?

Hada.- Voy hacia lo plano y la colina, me escondo entre los arbustos o los rosales silvestres, encima del parque o del vallado, me desplazo entre el agua y el fuego. Por todas partes, yo vago más deprisa que la brillante luna y sirvo a la reina de las hadas para rociar y cuidar sus círculos verdes. Las margaritas de los prados, las *bellis perennis,* son sus preferidas. Veréis algunas manchas en sus mantos de oro: se trata de los rubíes, las ofrendas que hacen las hadas; en sus colores rojizos residen sus perfumes. Allí tengo que buscar algunas gotas de rocío y colgar una perla en el oído de cada prímula. ¡Hasta luego, tú, el más perezoso de los espíritus![1] Me tengo que ir. Nuestra reina y

1 *Lob of spirits.* La palabra "lob" se trata de un adjetivo bastante antiguo que no suele aparecer registrado en los léxicos. Podría ser similar a "lubber", o incluso a "heavy fellow", compañero pesado, grave, perezoso material. Shakespeare utiliza esta palabra también como un verbo, con similitud al "to hang

todo su séquito no tardarán en llegar.

Puck.- El rey celebra aquí su fiesta esta noche. Procura que la reina no se cruce con él, porque Oberón está muy furioso con ella. ¿Quieres saber la razón? Pues que Titania tiene como paje a un joven hermoso, robado a un rey de la India. Nunca antes ella había tenido un prisionero tan encantador. Y Oberón, celoso, quería tenerlo en su séquito para recorrer con él los bosques más remotos. Pero ella se niega a entregarlo: lo retiene a la fuerza, lo adorna con flores, y encuentra en él toda su alegría. Por eso ahora, cada vez que se cruzan —ya sea en una cueva, un claro del bosque, una fuente o bajo la luz de las estrellas—, acaban discutiendo. Y los duendes, muertos de miedo, se esconden dentro de las bellotas para no verlos pelear.

down", "to droop", en la obra Enrique V, acto IV, escena 2:

"... and their poor jades
Lob down their heads...".

De todas formas, la expresión "lob of spirit", como llama a Puck una de las hadas de Titania, también puede significar paleto, burdo o rústico, dando una pista de la identidad de Puck —también conocido como Robin, según las diversas traducciones—, haciendo alusión a las numerosas travesuras y diabluras que lleva a cabo.

Hada.- Tu aspecto no me engaña: tú eres ese duende travieso y burlón que llaman Robin "el Buenchico", ¿verdad? ¿No eres tú quien se encarga de asustar a las campesinas? ¿El responsable de que la leche se corte, el que arruina los esfuerzos de las amas de casa y evita que la mantequilla se haga o que la cerveza fermente? ¿No haces que los viajeros se pierdan por la noche para luego reírte de ellos? Y, sin embargo, a esos que te llaman Aparición o Buen Puck, les ayudas con sus tareas y les traes buena suerte. Dime, ¿no eres tú?

Puck.- Lo has dicho muy bien, hada. Soy ese alegre duendecillo nocturno. Yo me encargo de hacer reír a Oberón imitando el relincho de una yegua joven para engañar a algún caballo gordo. A veces me meto en la taza de una comadre, transformado en una manzana cocida, y justo cuando va a beber, choco con sus labios y le derramo la cerveza en el pecho. La tía prudente, cuando está contando una historia triste, me confunde con su taburete de tres patas; entonces yo me escabullo, ella se cae de culo y grita: "¡Sastre!", y le da un ataque de tos. Todos los presentes se ríen a carcajadas, se agarran los costados, estornudan, y juran que nunca se han divertido tanto.

Pero más vale que te alejes, hada: ahí se acerca Oberón.

Hada.- Y también se aproxima señora. ¡Ojalá él se fuera!

(Aparecen por un lado Oberón con su séquito, y por el otro Titania, con el suyo.)

Oberón.- Qué mal encuentro, orgullosa Titania, bajo la luz de la luna.

Titania.- ¡Oh, el celoso Oberón! Hadas, mejor vámonos. Reniego de su cama y de su compañía.

Oberón.- ¡No tan deprisa, altiva presumida! ¿Acaso no soy tu rey?

Titania.- Entonces, yo debo ser tu reina. Pero sé bien cuántas veces has dejado el reino de las hadas para adoptar la forma de Corino[2] y pasarte el día entero tocando la zampoña y cantando versos de amor a la enamorada Filis. ¿Y por qué has venido desde las lejanas tierras de la India? Porque tu valiente amante, la Amazona, está a punto de casarse con Teseo, y tú vienes a bendecir su lecho con gozo y dicha.

2 Corino es el nombre de un poeta épico, proveniente de Troya que, antes que Homero y en la misma época de la guerra, habría escrito la Ilíada. Según Palamedes, le había enseñado el arte de la escritura. A Corino le debería Homero la mayor parte de sus poemas.

OBERÓN.- ¿Y tú tienes la insolencia de echarme en cara mi amor por Hipólita, cuando sé bien cuánto has amado tú a Teseo? ¿No fuiste tú quien, en plena noche, lo robó de los brazos de Perígune, a quien había raptado, y quien hizo que rompiera sus votos con Egle, con Ariadna y con Antíope? [3]

TITANIA.- ¡Todo eso son solo cuentos producto de tus celos! Desde el solsticio de verano, no hemos podido encontrarnos ni en montes ni en valles, bosques o praderas, junto a las fuentes, los riachuelos o la orilla del mar para bailar nuestros corros al viento, sin que tú hayas aparecido para arruinarnos la fiesta con tus discusiones. Por eso, los vientos, que solían llamar con su música a nuestras danzas, ahora, tan enfadados como están, absorben la niebla del mar y la derraman sobre los campos. Los ríos, antaño humildes, ahora se desbordan, el buey trabaja en vano bajo el yugo, el labrador pierde su sudor, y los cultivos se pudren antes

3 En la mitología griega, Perígune era la hija de Sinis, un bandido del istmo de Corinto que fue asesinado a manos de Teseo. Algunos dicen que Perígune fue raptada e incluso violada por Teseo. Perígune sabía que Teseo la estaba buscando por todas partes y permanecía escondida, pero después de confiar en Teseo —decía que la cuidaría bien y que no la iba a maltratar—, salió de su escondite. De la violación de Teseo, dio a luz a Melanipo.

de que puedan madurar. Los rediles están vacíos, y los cuervos devoran las ovejas muertas. Los senderos de baile están cubiertos de barro, y nadie se atreve a pisar la pradera, así que ya no se distingue el laberinto que íbamos marcando con nuestros pies. Entre los humanos ya no se cantan villancicos, y la luna, la reina de las mareas, está tan contrariada que con su luz fría llena el aire de enfermedades. El clima está tan trastocado que las estaciones ya no se reconocen: la escarcha cae sobre las rosas, el invierno lleva coronas de flores, y la primavera, el verano, el otoño y el invierno parecen intercambiarse los trajes. Nadie sabe en qué estación está. Y todo esto es culpa de nuestras peleas. Nosotros somos los responsables.

OBERÓN.- Entonces ponle tú remedio. Todo depende de ti. ¿Por qué Titania no puede simplemente cederme al niño? ¿Por qué se empeña Titania en contrariar a Oberón?

TITANIA.- Ni el reino entero de las hadas me haría renunciar jamás a él. Su madre era una sacerdotisa de mi orden, y muchas noches, en el aire perfumado de la India, pasábamos horas hablando. Sentadas juntas en la arena dorada frente al mar, señalaba los barcos que cruzaban las olas. Mientras nos reíamos al ver cómo las velas se iban inflando como si estuvieran preñadas del viento, ella —que entonces llevaba en su vientre a este niño— intentaba imitarlas, jugando. Me traía pequeños regalos y volvía como si regresara de un viaje con tesoros. Pero era mortal, y falleció al dar a luz. Yo me encargo de cuidar del niño en su memoria, y, por ella, no me separaré nunca de él.

Oberón.- ¿Y cuánto tiempo piensas quedarte en este bosque?

Titania.- Quizás hasta después de las bodas de Teseo. Si quieres unirte pacíficamente a nuestras danzas, ven con nosotros. Si no, déjame en paz, que yo te evitaré.

Oberón.- Dame al niño y me iré contigo.

Titania.- ¡Ni por todo tu reino encantado! Vámonos, hadas. Si me quedo más tiempo, acabaremos discutiendo de verdad.

(Titania se marcha con su séquito.)

Oberón.- Bien, vete de una vez. Pero no saldrás de este bosque sin que te castigue. Ven aquí, buen Puck. ¿Recuerdas cuando me senté en un promontorio y vi a una sirena sobre un delfín cantando tan dulcemente que el océano se calmó y hasta algunas estrellas se salieron de su órbita para escuchar?

PUCK.- Sí, claro; lo recuerdo.

OBERÓN.- En ese momento, vi a Cupido volando entre la luna y la Tierra. Disparó una flecha amorosa a una hermosa virgen del oeste, pero el rayo de la luna, frío y casto, apagó la flecha. La joven permaneció inmune, absorta por completo en su virginidad. Pero yo vi dónde cayó la flecha: sobre una florecilla blanca como la leche, que ahora es púrpura por culpa de esa herida de amor. Las doncellas la llaman "pensamiento"[4]. Ve hasta allí y tráeme esa flor. Ya te he mostrado alguna vez la planta, ¿lo recuerdas? Si exprimes su jugo sobre los párpados dormidos de alguien, esa persona se enamorará perdidamente del primer ser que vea al despertar. Tráemela, y vuelve antes de que una ballena haya nadado una milla.

PUCK.- ¡Yo puedo dar la vuelta al mundo en cuarenta minutos!

(Se va PUCK.)

OBERÓN.- Con ese jugo, buscaré el momento en que Titania esté dormida y le echaré unas gotas en los ojos. Lo primero que vea al despertar —sea un león, un oso, un lobo, un

4 Los pensamientos son flores híbridas; pertenecen al género de las violetas.

mico o cualquier criatura— no tendrá otra opción que amarlo con locura. Y antes de curarla con otra hierba, la obligaré a darme al niño. Pero… ¿quién se acerca por ahí? Me haré invisible para poder escuchar.

(Aparecen DEMETRIO y ELENA.)

DEMETRIO.- Yo no te amo, así que por favor deja de seguirme. ¿Dónde están Lisandro y Hermia? Voy a matar al primero; la otra ya me matará a mí. Dijiste que estaban en este bosque, y aquí estoy buscándolos, como un tronco entre los árboles. ¡Lárgate de una vez y deja de seguirme!

ELENA.- Tú me gustas y me atraes, aunque no eres imán para el hierro, porque mi corazón es de acero. Si dejas de atraerme, entonces dejaré de seguirte.

DEMETRIO.- ¿Acaso te estoy cortejando? ¿Te llamo hermosa? ¿No te he dicho ya claramente que no te amo ni puedo amarte?

ELENA.- Y justo por eso te amo más. Soy tu perra: cuanto más me maltrates, más te querré. Trátame como quieras: golpéame, ignórame, piérdeme… pero déjame seguirte. ¿Qué mayor honra puedo pedir que ser tratada como un perro tuyo?

Demetrio.- ¡No sigas provocándome! Me enferma mirarte.

Elena.- Y yo me enfermo de no verte.

Demetrio.- Estás arriesgando tu decoro al venir sola al bosque con un hombre que no te ama, bajo la noche y en un lugar tan solitario, con el tesoro de tu virginidad así tan expuesto.

Elena.- Tu honradez es mi protección. Cuando te miro, no es de noche. Este bosque no está vacío, porque tú eres para mí el mundo entero. ¿Cómo voy a sentirme sola, si todo mi mundo está delante de mí?

Demetrio.- Voy a huir de ti y a esconderme entre los arbustos.

Elena.- Ninguna bestia tiene un corazón tan cruel como tú. Corre, si quieres. Cambiaremos los cuentos: ahora Apolo huye y Dafne lo persigue[5], la paloma caza al halcón y la

5 En la mitología griega, el irascible Eros cogió dos flechas: una de oro con la punta de diamante y otra de hierro con la punta de plomo. La flecha de oro provocaba el amor, mientras que la de hierro provocaba el odio. Con la de hierro, Eros disparó a la ninfa Dafne; y con la de oro, al dios Apolo, directo al corazón. De esta manera, Apolo se llenó de amor por Dafne y, en cambio, la ninfa lo aborrecía. Apolo la hostigó constantemente, pidiéndole que se casara con él, pero la ninfa continuó huyendo hasta que los dioses intervinieron a favor de Apolo para que pudiera cogerla. Dado que Apolo la atraparía, Dafne invocó a su padre, el dios Ladón, y este la transformó en un árbol.

cierva al tigre. ¡Qué inútil carrera, cuando la valentía huye y la cobardía persigue!

DEMETRIO.- No quiero hablar más contigo. Déjame o terminaré haciéndote daño.

ELENA.- Ya me haces daño en todos lados: en el templo, en el campo, en la ciudad. Qué vergüenza, Demetrio. Tus desprecios son una afrenta para todas las mujeres. No tenemos las mismas armas que los hombres para luchar por el amor. Nosotras no conquistamos, somos, más bien, conquistadas.

(Se va Demetrio.)

Te seguiré. Haré de mi infierno un cielo, aunque muera a manos del hombre que tanto amo.

(Se va Elena.)

OBERÓN.- Ve con Dios, muchacha. Antes de salir de este bosque, tú lo rechazarás y él te amará. Ya verás.

(Aparece PUCK.)

¿Has conseguido la flor? ¿La traes contigo? ¡Bienvenido, espíritu errante!

PUCK.- Sí. Aquí la tengo.

OBERÓN.- Dámela, por favor.

Sé de un claro donde crece el tomillo salvaje, con violetas y prímulas, cubierto de madreselvas, rosas almizcladas y escaramujos. Allí es donde duerme Titania parte de la noche, arrullada por flores y danzas. Allí una serpiente muda su piel brillante, del tamaño justo para vestir a un hada. Con esta flor le tocaré los párpados mientras duerme, y quedará atrapada en horribles fantasías. Toma un poco tú también. Hay una dama ateniense enamorada de un joven que la desprecia. Úntale a él los ojos, pero hazlo bien: debe ser ella lo primero que vea al despertar. Lo reconocerás por su ropa. Hazlo con cuidado, para que él quede aún más enamorado de ella que ella de él. Y encuéntrame antes del primer canto del gallo.

Puck.- No se preocupe, señor. Su siervo le cumplirá.

(Se van.)

Escena II

En otra parte del mismo bosque.

Aparece Titania *con su séquito.*

Titania.- Vamos: formen ahora un círculo y entonen un canto mágico. Luego, retírense por un breve instante. Algunas, encargadas de eliminar los gusanos de los perfumados capullos de rosa; otras, a luchar contra los murciélagos para conseguir sus alas de cuero, con las que haremos capuchas para mis pequeños duendes. Y algunas más, encargadas de mantener lejos al estridente búho, que con sus chillidos nocturnos asusta a nuestros etéreos espíritus. Vengan, canten para mí hasta que me duerma; luego, vuelvan a sus tareas, y déjenme descansar.

Las hadas cantan.-

I

Serpientes manchadas de lenguas bífidas, erizos espinosos, no se dejen ver; lagartijas y orvetos[6], no causen daño ni se acerquen a la

6 La palabra orveto, sustantivo masculino, es un vocablo infrecuente y anticuado. Hace referencia, en el campo de la ornitología, a un ave que pertenece a la familia del pájaro

reina de las hadas.

Ruiseñor, con tu dulce melodía, canta nuestro suave lalalá:

lala, lala, lalalá; lala, lala, lalalá.

Ningún mal, hechizo o daño podrá tocar a nuestra amada señora.

Así pues, buenas noches con lalalá.

II

Arañas tejedoras, manténganse lejos;

¡Fuera esas largas patas!

Escarabajos oscuros, no permanezcan cerca;

gusanos y caracoles, no traigan daño.

Ruiseñor, con tu dulce melodía, etc...

HADA.- ¡Vámonos lejos! Ya todo está en calma. Una sola se quedará de guardia.

(Se van las hadas. TITANIA *queda dormida. Entra* OBERÓN *y le unta la flor sobre los párpados.)*

OBERÓN.- Lo primero que veas al despertar será tu verdadero amor. Ámalo y suspira por él, sin importar si es un felino salvaje, un oso, un jabalí de pelaje áspero o cualquier criatura gro-

mosca, también conocido como *elfo* de las abejas, más pequeño que un colibrí.

tesca. Eso que veas será a partir de entonces tu amante. Despierta cuando algo vil se acerque.

(Se va OBERÓN y entran LISANDRO y HERMIA.)

LISANDRO.- Mi amor, estás agotada de tanto vagar por el bosque y, la verdad, yo también he perdido el rumbo. Si te parece bien, Hermia, descansemos un poco aquí, hasta que amanezca.

HERMIA.- De acuerdo, Lisandro; busca un sitio para ti, yo me recostaré sobre este borde.

LISANDRO.- Podemos compartir el mismo césped como almohada. Un solo corazón, un lecho, dos almas y un mismo amor.

HERMIA.- No, querido Lisandro, por favor, por respeto, es mejor que mantengas algo de distancia; no duermas tan cerca de mí.

LISANDRO.- ¡Oh, amor mío! No me malinterpretes. Mis palabras son sinceras. Las declaraciones de amor deben leerse con el corazón. Mi alma está unida a la tuya; somos uno solo: dos almas comprometidas por el mismo juramento. Así que no me niegues dormir a tu lado; no ofenderé tu descanso con ninguna acción impropia, lo prometo.

HERMIA.- Lisandro juega con las palabras con gracia. Hermia se habría ofendido si pensara mal de ti. Pero, por respeto y cariño, por favor, amigo mío, descansa un poco más lejos de mí. El recato exige esta distancia, que conviene tanto a una doncella como a un hombre honorable. Aléjate un poco, entonces. Buenas noches, querido. ¡Que tu amor no se enfríe nunca, hasta el final de tus días!

LISANDRO.- Amén, amén, respondo a esa hermosa oración. Que mi vida acabe donde termina mi lealtad.

(LISANDRO se retira unos pasos.)

Este será mi lecho por esta noche. Que el sueño te regale un descanso muy pleno.

(Se duerme y entra PUCK.)

PUCK.- He recorrido el bosque entero y no he encontrado a ningún ateniense en cuyos ojos pueda probar el efecto de esta flor… ¡Silencio y noche! ¿Quién está por aquí? Lleva vestiduras de Atenas. Este debe ser el hombre que, según me dijo mi amo, desprecia a la doncella ateniense. Y aquí está ella, dormida sobre el suelo húmedo. ¡Un alma pura! No quiso descansar cerca de ese hombre tan cruel y desconsiderado.

(Restriega la flor sobre los ojos de LISANDRO.)

Despierta, bruto muchacho: en tus ojos voy a depositar todo el poder de este hechizo. Que el amor te despierte, y no el sueño. Ahora me voy a buscar a Oberón.

(Se va PUCK y aparecen DEMETRIO y ELENA, corriendo.)

ELENA.- ¡Detente, aunque al hacerlo me mates, querido Demetrio!

DEMETRIO.- Te ruego que no me sigas más.

ELENA.- ¿Vas a abandonarme en esta oscuridad? Por favor, no lo hagas.

DEMETRIO.- Hazte un favor a ti misma y quédate. Yo quiero ir solo.

(Se va DEMETRIO.)

ELENA.- Estoy sin aliento por culpa de esta persecución amorosa. Cuanto más le ruego, menos compasión me muestra. Feliz Hermia, dondequiera que esté, porque tiene ojos que encantan. ¿Qué tienen sus ojos que los hace brillar así? No son las lágrimas, pues yo lloro más y no brillan tanto como los suyos. No, yo debo ser tan horrenda como un oso, pues hasta las bestias huyen de mí. Así que no es raro que Demetrio también lo haga. ¿Qué espejo traicionero me hace creer que puedo compararme con la luz de Hermia? Pero... ¿quién se encuentra aquí? ¡Es Lisandro! ¿Estará muerto o dormido? No hay rastro de sangre ni ninguna herida a la vista. ¡Lisandro, caballero! Si estás vivo, despierta, despierta de una vez.

LISANDRO.- *(Despertando.)* ¡Yo me lanzaría al fuego por tu dulce amor! ¡Radiante Elena! La Naturaleza te hizo perfecta, porque puedo ver tu corazón a través de tu pecho. ¿Dónde está Demetrio? ¡Oh! Que su vil nombre muera bajo mi espada.

ELENA.- No digas eso, Lisandro. No importa que él ame a Hermia, mientras Hermia te ame a ti. Deberías con eso sentirte satisfecho.

LISANDRO.- ¿Contento yo con Hermia? Para nada. Me arrepiento de cada tedioso instante que pasé con ella. No amo a Hermia, yo amo a Elena. ¿Quién no cambiaría un cuervo por una paloma? La voluntad del hombre debe guiarse por la razón, y la razón me dice que tú eres más digna que ella. Las cosas no maduran hasta que llega el tiempo correcto. Así yo, que era inmaduro, hasta ahora no he tenido juicio. Pero desde hoy, someto mi voluntad a la razón, que me lleva directo a tus ojos, donde leo el más bello de los amores.

ELENA.- ¿Y nací yo para sufrir esta burla? ¿Qué he hecho para merecerlo? ¿No es suficiente con que Demetrio jamás me haya mirado con bondad, que ahora tú te burlas de mi dolor? En verdad, me ofendes al cortejarme con tan cruel desdén. Adiós. Pensé que eras un caballero más noble. ¡Qué triste que una mujer rechazada por uno sea insultada por otro!

(Se va ELENA.)

LISANDRO.- No veo a Hermia. Quédate dormida, Hermia, y no vuelvas a acercarte a Lisandro. Así como el exceso de dulces empalaga, y como los hombres odian con más fuerza aquello en lo que antes creyeron, así tú, exceso y herejía mía, eres ahora mi mayor desprecio. Que toda mi alma sirva ahora para amar solo a Elena y ser su caballero.

(Se va LISANDRO.)

HERMIA.- *(Despertando.)* ¡Ayúdame, Lisandro, ayúdame! ¡Quítame esta serpiente que se arrastra sobre mi pecho! ¡Dios mío, qué pesadilla! ¡Lisandro, soñé que una serpiente me devoraba el corazón y tú solo mirabas, sonriendo! ¡Lisandro!... ¿Dónde estás? ¿No me oyes? ¿Te has ido? … Ni una voz, ni un su-

surro... ¡Habla si me escuchas! ¡Habla, amor mío! ¡Dime algo, cualquier cosa! ¡Estoy tan asustada! ¡Tengo tanto miedo! ¡Si no estás cerca, prefiero la muerte o encontrarte ya!

(Se va HERMIA.)

ACTO III

Escena I

En una parte del bosque, Titania reposa, dormida.

Entran Cuña, Berbiquí, Lanzadera, Flauta, Hocico y Hambrón.

Lanzadera.- ¿Ya estamos todos por aquí?

Cuña.- Sí. Justo a tiempo. Y mira qué sitio más adecuado para ensayar. Este prado puede ser nuestro escenario, esas ramas de espino nos harán de bastidores y actuaremos como si estuviéramos frente al duque.

Lanzadera.- Pedro Cuña...

Cuña.- ¿Qué sucede, valiente Lanzadera?

Lanzadera.- Hay detalles en esta obra de Píramo y Tisbe que nunca van a gustar del todo. Para empezar, Píramo tiene que sacarse la espada y fingir que se mata, y eso las damas no lo van a soportar. ¿Qué opinan los demás?

Flauta.- ¡Por todos los cielos! Es un miedo más que razonable.

Hambrón.- Bien visto, pues tal vez deberíamos eliminar esa parte del asesinato.

Lanzadera.- Para nada: tengo la solución. Escriban un prólogo donde dejemos claro que nadie saldrá herido, que todo es parte de la ficción y que la muerte de Píramo es solo una actuación. Para más tranquilidad, que quede claro que yo, el actor que interpreta a Píramo, no soy Píramo como tal, sino Lanzadera, el tejedor. Así se quedarán más tranquilas las damas.

CUÑA.- Perfecto, haremos ese prólogo, y que esté escrito en versos de ocho y seis sílabas.

LANZADERA.- No, mejor hagan que todos los versos tengan ocho sílabas. Así es más parejo.

FLAUTA.- ¿Y no va a asustar el león a las damas?

HAMBRÓN.- Mucho me temo que sí.

LANZADERA.- Piénsenlo bien: ¡Dios nos libre de llevar un león vivo frente a las señoras! Es una barbaridad. El león es el más fiero de todos los animales salvajes; eso hay que tenerlo en cuenta.

FLAUTA.- Entonces será mejor incluir otro prólogo donde se avisa también que el león no es real.

LANZADERA.- Eso no basta. El actor que haga de león debe mostrar parte de su rostro a través del cuello del disfraz y decir algo así como: «Damas, bellas damas: les suplico que no se asusten, que no tiemblen; les doy mi palabra de que no hay peligro. Si creen que esto es un león de verdad, me ofenden. No soy más que un hombre común». Y después que diga su nombre y confiese que es Berbiquí, el ebanista.

CUÑA.- Muy bien, así lo haremos. Pero quedan dos problemas serios. El primero: ¿cómo hacemos para que haya luz de luna? Porque, según la historia, Píramo y Tisbe se encuentran a la luz de la luna.

BERBIQUÍ.- ¿Brillará la luna la noche de la función?

LANZADERA.- ¡Vamos, busquen un almanaque! Consulten si habrá luna llena esa noche.

CUÑA.- Sí, habrá luna.

LANZADERA.- Entonces debemos dejar abierta una ventana del salón donde sea que actuemos, y que la luz de la luna entre por ahí.

CUÑA.- O, si no, que alguien entre con una linterna y un manojo de ramas y diga que interpreta a Claro de Luna. Pero aún queda otro detalle: necesitamos una pared en medio del escenario, porque, según la historia, Píramo y Tisbe se hablaban a través de una grieta del muro.

BERBIQUÍ.- No vamos a poder colocar una pared real en medio del escenario. ¿Tú qué dices, Lanzadera?

LANZADERA.- Alguien puede hacer de pared. Solo necesita ponerse algo de yeso o cal en el cuerpo para parecer un muro, y abrir los dedos así, para que Píramo y Tisbe puedan hablar por la rendija.

CUÑA.- Si se puede hacer así, no habrá problema. Vamos, cada uno a sentarse y a repasar su parte. Empieza tú, Píramo. Cuando termines tu línea, entra al bosque. Luego seguirá el siguiente, y así, por orden.

(Entra PUCK desde el fondo.)

PUCK.- ¿Quiénes son estos rústicos hombres que charlan tan cerca del lecho de la reina de las hadas? ¿Interpretan una comedia? Seré su espectador… o su cómplice, si puedo.

CUÑA.- Habla, Píramo. Tisbe, acércate un poco más.

PÍRAMO.- «Tisbe, la dulce flor es dolorosa».

CUÑA.- Olorosa, hombre, olorosa.

PÍRAMO.- «... la dulce flor es olorosa.
Así es tu aliento, mi adorada.
Pero espera, ¡escucho algo!

¡Calla, bella! Regresaré en seguida».

(Se va el que interpreta a Píramo.)

PUCK.- Jamás se ha visto un Píramo más ridículo en estos bosques.

TISBE.- ¿Ya me toca hablar a mí?

CUÑA.- Sí, porque Píramo solo fue a ver qué fue lo que causó el ruido. Volverá pronto.

TISBE.- «Píramo radiante,
más blanco que el lirio,
de mejillas como rosas encendidas,
ágil, juvenil, joya adorada,
tan fiel como un corcel incansable.
Contigo compartiré la tumba de Nini».

CUÑA.- ¡De Nino, hombre![7] Pero todavía no toca esa parte. Ese verso viene más adelante. Estás diciendo todo de memoria sin esperar respuesta. Vuelve a salir otra vez, Píramo. Tu compañera se quedó en "corcel incansable".

(Vuelven a entrar PUCK y LANZADERA. Este último con una cabeza de asno.)

7 Esto puede hacer referencia a Nino, un personaje de leyenda, rey fundador del primer imperio Asirio. Se enamoró y casó con Semíramis, quien, a su muerte, erigió un monumento funerario a la memoria de Nino; más tarde serviría de escenario e inspiración para la obra *Píramo y Tisbe* sobre dos jóvenes que se amaban a pesar de la prohibición de sus padres. Este relato de amor fue mencionado por primera vez por Higino en sus fábulas.

Tisbe.- Tan fiel como un corcel incansable...

Píramo.- Tisbe, para ti solamente sería hermoso...

Cartabón.- ¡Qué horror! ¡Qué monstruo! ¡Estamos embrujados! ¡Corran, señores! ¡Auxilio!

(Todos se van corriendo.)

Puck.- ¡No, no! Quédense un poco más, amigos, y les enseñaré una lección. Los perseguiré por zarzas y arbustos, cambiando de forma: a veces caballo, a veces sabueso, oso sin cabeza o jabalí. O incluso hasta fuego fatuo. Correré más que cualquiera de ustedes, rugiré, ladraré, gruñiré, y relincharé mejor que todos esos animales juntos.

Lanzadera.- ¿Y por qué corren de esta forma? ¿Por qué huyen de mí? Esto es una broma suya para asustarme.

(Entra Flauta.)

Flauta.- Lanzadera, ¡cómo has cambiado! ¿Qué es lo que llevas en la cabeza?

Lanzadera.- ¿Y tú qué es lo que ves? ¿No tienes tú también una cabeza de asno?

(Sale Flauta y entra Cuña.)

Cuña.- ¡Dios se apiade de ti, Lanzadera! ¡Estás completamente transformado!

(Se vuelve a ir CUÑA.)

LANZADERA.- Ya entiendo. Quieren hacerme pasar por un burro y asustarme, pero no pienso moverme de aquí. Me pondré a cantar para demostrar que no tengo ni pizca de miedo.

(Se pone a cantar.)

Ni el mirlo de pico anaranjado,
ni el negro tordo con canto pausado,
ni el gorrión saltarín...

TITANIA.- *(Despertando.)* ¿Qué ángel es ese que me despierta con su canto?

LANZADERA.- Ni el cuclillo, la alondra, ni el pinzón, que a nadie le responden.

Y, la verdad, ¿quién quiere discutir con un pájaro tonto?

¿Quién va a contradecir al cuclillo, aunque le grite justo en la cara?

TITANIA.- Te ruego, amable mortal, que sigas cantando; tu voz ha encantado por completo mis oídos. Y también tus formas han robado mis ojos. La fuerza de tu virtud me obliga a confesarte: te amo.

LANZADERA.- Me parece, señora, que no hay ninguna razón para eso. Pero, la verdad, en este mundo el amor y la razón casi nunca andan de la mano. Es una pena que nadie intente reconciliarlos. Como ves, también tengo un poco de sentido del humor.

TITANIA.- Eres tan sabio como hermoso.

LANZADERA.- No soy ni una cosa ni la otra. Pero si tuviera el talento para salir de este bosque, ya me sentiría completamente realizado.

TITANIA.- No desees irte. Te quedarás aquí, lo quieras o no. Soy un espíritu superior. La primavera me obedece, y yo te amo. Ven conmigo; harás que hadas y genios te sirvan. Buscarán perlas en el fondo del mar para ti. Dormirás en un lecho de flores, arrullado por cantos mágicos. Y purificaré tanto tu cuerpo mortal que serás tan ligero como el aire.

¡Chicharillo, Telaraña, Polilla, Mostaza!

(Entran las HADAS.)

CHICHARILLO.- Aquí estoy.

TELARAÑA.- Y yo.

POLILLA.- ¿A dónde vamos?

TITANIA.- Sean amables con este mortal. Dancen y canten para él. Denle de comer albaricoques, frambuesas, uvas, e higos maduros. Tomen la miel de las abejas y hagan con su cera pequeñas antorchas. Usen las luciérnagas como lámparas para su despertar y su descanso. Y, con alas de mariposa, fabriquen abanicos para apartar la luz de luna de sus ojos dormidos. Tienen que rendirle homenaje.

CHICHARILLO, TELARAÑA, POLILLA, MOSTAZA.- ¡Salve!

LANZADERA.- Muchas gracias, de todo corazón. ¿Cómo te llamas?

TELARAÑA.- Yo soy Telaraña.

LANZADERA.- Encantado. Si me corto el dedo, ya sé a quién recurrir. ¿Y tú quién eres?

CHICHARILLO.- Yo soy chicharillo.

LANZADERA.- Dale saludos a tu madre, la señora Calabaza, y a tu padre, don Guisante. ¿Tu nombre, buen señor?

MOSTAZA.- Mostaza.

LANZADERA.- Ah, señor Mostaza. Conozco bien tu temple. Ese salvaje Rosbif ha devorado a muchos de los tuyos. Me han hecho llorar más de una vez. Me encantaría contar con tu amistad.

TITANIA.- Por favor, llévenlo a mi jardín. Me parece que la luna llora. Y cuando la luna llora, todas las flores guardan luto por alguna virginidad perdida. Silencien la lengua de mi amado y llévenselo en paz.

(Se van las HADAS y LANZADERA.)

Escena II

En otra parte del mismo bosque.

Aparece Oberón.

Oberón.- Estoy ansioso por saber si Titania ya ha despertado... y por saber cuál fue la primera criatura que vio. Sin duda, debe haberse enamorado de ella.

(Entra Puck.)

Aquí llega mi mensajero. Hola, espíritu travieso, ¿qué novedades me traes esta noche por este bosque encantado?

Puck.- Mi señora está enamorada... de un monstruo. Justo cuando descansaba, dormida en su escondite solitario, apareció un grupo de torpes actores: unos simples artesanos de Atenas; estaban ensayando una obra para la boda del gran Teseo. El más tonto del grupo, que hacía el papel de Píramo, se apartó un momento y se metió en unos arbustos. Entonces aproveché para transformarle la cabeza en la de un burro. Cuando regresó a la escena para contestar su parte a Tisbe y los demás lo vieron con esa horrenda cabeza, huyeron completamente espantados, como patos salvajes al escuchar el disparo de un cazador, o como una bandada de grajos cuando estalla una escopeta cerca: alzan el vuelo, se dispersan y atraviesan el cielo con desesperado batir de alas. Cada tanto, al oír mis pasos, alguno tropezaba, gritaba que lo estaban matando, y corría pidiendo ayuda, creyendo que cualquier rama o espina era un enemigo. Se les rasgaban las ropas con las zarzas, perdían sombreros y mangas... ¡dejaban todo atrás en su desesperación! Mientras jugaba a perseguirlos, dejé al hermoso Píramo con su cabeza de burro, y, justo en ese momento, Titania despertó... y se enamoró del pobre asno.

OBERÓN.- ¡Ha salido incluso mejor de lo que esperaba! Pero dime una cosa: ¿pusiste también el jugo de la flor en los ojos del ateniense, tal y como te pedí?

PUCK.- Sí. Lo encontré dormido... y sí, misión cumplida. La joven ateniense estaba acostada junto a él. Así que, al despertar, lo primero que verá será su rostro. No hay duda de que se enamorará.

(Entran DEMETRIO y HERMIA.)

OBERÓN.- Quédate quieto un momento. Mira, aquí se aproxima el ateniense.

PUCK.- Ella es la misma doncella, pero él no es el que vi yo antes.

DEMETRIO.- ¿Por qué rechazas a quien te ama con tanta pasión? Guarda tus reproches para quien no te quiere, no para quien te adora.

HERMIA.- Si crees que mis palabras son duras, deberías temer algo peor. Si es cierto que mataste a Lisandro mientras dormía, termina lo que empezaste: mátame también a mí. Él me era fiel como el sol al día. ¿Cómo voy a creer que me abandonó mientras dormía? Es más fácil imaginar que la tierra se abre por completo y la luna se cuela por esa grieta para alterar la luz del sol. No hay manera de que no lo hayas asesinado. Tu rostro sombrío y pálido te delata: es el rostro de un asesino.

DEMETRIO.- Es el rostro de alguien herido por tu crueldad. Y, aun así, tú, la que me mata, brillas con la hermosura de Venus en el cielo.

HERMIA.- ¿Y qué tiene eso que ver con Lisandro? ¿Dónde está? ¿Me lo devolverás?

DEMETRIO.- Preferiría lanzarlo a mis perros.

OBERÓN.- *(Por lo bajo a PUCK.)* Ve en busca de Elena. Ella vaga por ahí, enferma de amor, con el rostro pálido, suspirando sin parar. Usa algún hechizo y tráela hasta aquí. Yo me encargaré de encantar los ojos del joven antes de que ella llegue.

PUCK.- ¡Enseguida! Volaré más rápido que una flecha lanzada desde el arco del mismísimo Tártaro.

(Se va PUCK).

OBERÓN.- Flor de tono púrpura, tocada por la flecha de Cupido, humedece sus párpados. Que, cuando despierte, vea a Elena brillar ante él con la intensidad de una estrella, como Venus resplandeciente. Y si se despierta enamorado, que le pida amor a cambio.

(Vuelve PUCK.)

PUCK.- Capitán de los hechizos, ahí viene Elena, seguida por el joven que ha quedado atrapado por mi broma. Le está rogando que lo ame. ¿Nos quedamos a ver esta farsa un ratito? ¡Señor, qué locura la de los mortales!

OBERÓN.- Es mejor que te escondas. Sus voces terminarán despertando a Demetrio.

PUCK.- Entonces tendremos a dos enamorados peleando por una sola chica. ¡Eso será un buen espectáculo! Nada me gusta más que lo absurdo y exagerado.

(Entran LISANDRO y ELENA.)

LISANDRO.- ¿Por qué piensas que me burlo de ti al decirte que te amo? Las bromas no vienen acompañadas de lágrimas. Mira: lloro al hablarte. ¿Eso no demuestra mi sinceridad? Todo en mí grita que hablo en serio. ¿Por qué lo tomas como burla?

ELENA.- Tú engañas con mucha habilidad. Cuando una mentira destruye otra mentira, se arma una batalla infernal... y celestial a la vez. Todo eso que dices, lo dijiste antaño para Hermia. ¿La has dejado? Tus juramentos a una y otra pesan lo mismo: nada. No son más que palabras que se lleva el viento.

LISANDRO.- Cuando estaba enamorado de ella y la amaba, había perdido por completo la razón.

ELENA.- Y ahora, al dejar de quererla, sigues sin tenerla.

LISANDRO.- Demetrio la ama... y no te ama a ti.

DEMETRIO.- *(Despertando.)* ¡Oh, Elena! ¡Diosa, ninfa celestial! ¿Con qué podría comparar tus ojos? El cristal se ve opaco a su lado. Tus labios, como cerezas maduras, me invitan al beso. La nieve más blanca parece negra si se compara con tu piel. ¡Déjame besar esa maravilla! Ese sello de pura dicha...

Elena.- ¡Todo esto no es más que una burla cruel! Están conspirando los dos para ridiculizarme. Si tuvieran un mínimo de cortesía o respeto, no jugarían así conmigo. Sé que no me aman... ¿pero tenían que unirse para humillarme? Si fueran verdaderos hombres, no harían esto. Jurarían con sinceridad, no con intención de herirme. Esta rivalidad por Hermia se ha vuelto una competencia para burlarse de mí. Qué hazaña tan valiente... hacer llorar a una mujer inocente. Un hombre de verdad no se divertiría a costa del sufrimiento de una doncella.

Lisandro.- Demetrio, tu actitud es despreciable. Bien sabes que a la mujer que amas es a Hermia. Y yo, honestamente, renuncio a cualquier derecho sobre ella. Quédate con su amor. Solo te pido que me dejes a Elena, a quien amo y amaré hasta la muerte.

Elena.- Nunca escuché palabras tan absurdas de quienes se burlan.

Demetrio.- Quédatela, Lisandro. Ya no amo a Hermia. Si alguna vez la quise, fue algo pasajero. Mi corazón solo estaba de visita, de paso. Ahora ha encontrado su verdadero hogar en Elena.

Lisandro.- Eso no es cierto.

DEMETRIO.- No juzgues lo que no entiendes... o atente a las consecuencias. Mira, ahí viene tu querida Hermia.

(Vuelve HERMIA.)

HERMIA.- ¡Noche oscura, que apagas la vista y agudizas el oído! No te veo, Lisandro, pero he caminado siguiendo el sonido de tu voz. ¿Por qué me abandonaste así, tan cruelmente?

LISANDRO.- ¿Y por qué me habría de quedar si el amor me llevó hacia otra?

HERMIA.- ¿Qué amor pudo alejarte de mí?

LISANDRO.- Mi verdadero amor: Elena... esta estrella que brilla más que todas en la noche. ¿Por qué me buscas? ¿No entiendes que te odio y por eso me fui de tu lado?

HERMIA.- Eso no es verdad. No puedes pensar eso.

ELENA.- ¡Ah, claro! Ella también está en la conspiración. Ya entiendo. Los tres han planeado esta burla para torturarme. ¿Olvidaste nuestra amistad, Hermia? Todo lo que compartimos de niñas: las confidencias, las horas de juegos, los sueños. Éramos como dos cerezas del mismo tallo, dos almas unidas en un solo corazón. ¿Y ahora rompes ese lazo para unirte a ellos y humillarme? No solo me fallas a mí, le fallas a todas las mujeres.

HERMIA.- No sé por qué estás diciendo todo eso. No te he hecho nada; no entiendo de qué hablas.

ELENA.- ¿No fuiste tú quien convenció a Lisandro de seguirme y halagarme? ¿No hiciste que Demetrio, que me despreciaba, ahora me adore? ¿Por qué Lisandro dejó de amarte, si no es por tu intervención? Si tengo menos encanto que tú, si tengo menos suerte en el amor, ¿no deberías compadecerme en lugar de despreciarme?

HERMIA.- No entiendo lo que estás insinuando.

ELENA.- Sigue fingiendo tristeza. Haz tus gestos a espaldas mías, ríete con ellos. ¡Sigan! Lleven esta farsa hasta el final. ¡El mundo hablará de ella! Pero me marcho. Ya sea con la muerte o la distancia, pronto se acabará esta humillación.

LISANDRO.- Espera, Elena, escúchame, vida mía, mi amor, mi alma…

ELENA.- ¡Esto ya es el colmo!

HERMIA.- *(A LISANDRO.)* Por favor, deja de burlarte así de ella.

DEMETRIO.- Y si no lo haces por las buenas, yo te obligaré.

LISANDRO.- Tus amenazas no valen más que sus ruegos. Elena, te amo. Lo juro por mi vida, esta vida que estoy dispuesto a perder por ti. ¡Te juro que miente el que diga lo contrario!

DEMETRIO.- Y yo digo que te amo más de lo que él podría amarte jamás.

LISANDRO.- Si es así y eso es lo que crees, ven aquí conmigo y demuéstralo.

DEMETRIO.- ¡Vamos ya!

HERMIA.- ¿Qué significa todo esto, Lisandro?

LISANDRO.- Aléjate, etíope.

DEMETRIO.- Bah, bah... Te haces el que quiere deshacerse de Hermia, pero no te mueves hacia aquí... Eres prudente, vamos.

LISANDRO.- *(A HERMIA.)* ¡Suéltame, gata pegajosa! ¡Criatura vil, aléjate de mí o te terminaré lanzando como si fueras una serpiente!

HERMIA.- ¿Pero por qué tanta crueldad? ¿Qué es lo que te pasa, mi dulce amor?

LISANDRO.- ¿Amor? ¡Lejos de mí, tártara de tez oscura! ¡Fuera, medicina repulsiva! Eres una poción amarga y detestable. Lárgate.

HERMIA.- ¿Acaso estás bromeando?

ELENA.- Sí, sí, está bromeando... igual que tú.

LISANDRO.- Demetrio, voy a cumplir mi palabra.

DEMETRIO.- Ojalá pudiera creerlo, porque con cualquier excusa te detienes. No confío en ti.

LISANDRO.- ¿Y qué esperas? ¿Tendré que herirla, golpearla, matarla? Aunque la detesto, no pienso hacerle daño.

HERMIA.- ¿Qué daño puede ser peor que decir que me odias? ¿Odiarme? ¿Por qué? ¡Ay! ¿Qué te pasa, amor mío? ¿No soy yo Hermia? ¿No eres tú Lisandro? Hoy sigo siendo tan hermosa como ayer. Me amaste anoche… y hoy me has abandonado. ¡Me dejaste! Que los dioses me libren de pensar que esto va en serio.

LISANDRO.- Sí, ¡por mi vida! Y no pienso volver a verte nunca más. Abandona cualquier esperanza, duda o ilusión. Tenlo bien claro: no estoy bromeando. Te detesto. Yo amo a Elena.

HERMIA.- ¡Ay de mí! Y tú, farsante, maldito gusano escondido en la flor, ¡ladrona de amores! ¿Te has escabullido en la noche y me robaste el corazón de mi amado?

ELENA.- ¡Qué bonito! ¿Y ahora vas y dejas de lado cualquier tipo de modestia, cualquier tipo de todo pudor, toda delicadeza? ¿Quieres obligarme a mí, tan mansa y comprensiva, a reaccionar con palabras de cólera? ¡Fuera, hipócrita, muñeca vil!

Hermia.- ¿Muñeca? ¿Qué significa ese epíteto? ¡Ah, ya veo! Estás comparando tu estatura con la mía. Presumes por tu elevada talla y, pavoneándote con esa ventaja, te has ganado su afecto. ¿Te prefiere porque yo soy más pequeña? ¿Crees que soy poca cosa, palo de cucaña? ¿Te parezco tan bajita? ¡Respóndeme! Pues, aun así, no soy lo suficientemente pequeña como para que mis uñas no puedan alcanzar tus ojos.

Elena.- Les ruego, caballeros, aunque lo que pretendan sea burlarse de mí, no permitan que esta mujer me haga daño. Yo no soy violenta, no sé hacer el mal. Soy una chica con una pizca de cobardía; apenas soy una niña. No dejen que me golpee. Tal vez piensan que, porque ella es bajita, yo tendré alguna oportunidad contra ella.

Hermia.- ¿Otra vez lo de baja? ¿Lo oyeron?

Elena.- Querida Hermia, no me trates de este modo. Siempre te quise. Siempre guardé tus secretos. Nunca te hice daño. Mi único error fue, llevada por mi amor a Demetrio, contarle tu fuga al bosque. Él te siguió y, por amor, yo también lo seguí a él. Pero me rechazó, me gritó, me empujó al suelo, casi me mata. Ahora, si te parece bien, me iré. Me llevo mi loco amor de vuelta a Atenas. No los seguiré más. Déjenme ir. Saben bien que soy sincera y afectuosa.

Hermia.- Pues bien, vete. ¿Quién te retiene?

Elena.- Un corazón tonto que dejo aquí al marcharme.

Hermia.- ¿Con quién? ¿Con Lisandro?

Elena.- Con Demetrio.

Lisandro.- No temas, Elena. No te hará daño.

Demetrio.- Claro que no... ni aunque tú la defendieras.

Elena.- ¡Ah! Cuando se enfada, es cruel y maliciosa. Ya era una víbora en la escuela. Aunque es pequeña, es peligrosa.

Hermia.- ¡Otra vez lo de pequeña! ¡Siempre *bajita* y *menor*! ¿Van a dejar que me insulte de esa forma? Déjenme un momento a solas con ella.

Lisandro.- Atrás, enana, media mujer, figurita, raquítica, baratija, bellota.

Demetrio.- Te muestras muy servicial con una mujer que no quiere tu ayuda. No te metas. No hables más de Elena. No la defiendas. Si llegas a insinuar algo más por ella, te costará bien caro.

LISANDRO.- Ya no me dominas. Atrévete a seguirme y veamos quién es el que merece el corazón de Elena.

DEMETRIO.- ¿Seguirte? No, sino tu cara contra mi rostro.

(Se van LISANDRO y DEMETRIO.)

HERMIA.- Tú tienes la culpa de todo este desastre, señorita. No, no te vayas.

ELENA.- No confío en ti, y no me quedaré más tiempo a tu lado. Tus manos son más rápidas que las mías cuando se trata de llegar a los golpes, pero cuando es cuestión de huir, mis piernas son más largas que las tuyas.

(Se va ELENA.)

HERMIA.- Estoy desconcertada, no entiendo nada.

(Se va HERMIA.)

OBERÓN.- Ahí tienes el resultado de tu descuido. Siempre te equivocas, cuando no estás gastando bromas pesadas a propósito.

PUCK.- Créeme, rey de las sombras, fue un error honesto. ¿No me dijiste que lo reconocería por su ropa de ateniense? No tengo nada de culpa de mis actos, yo hechicé los ojos de un joven ateniense tal y como me dijiste. Y, la verdad, no me molesta. Las peleas que se armaron han sido de lo más entretenidas.

OBERÓN.- Ya ves que los dos están buscando dónde pelear. Apresúrate, Puck. Haz que la noche sea aún más oscura. Cubre el cielo de niebla espesa, negra y húmeda como Aqueronte[8]. Haz que estos rivales enfurecidos se pierdan sin encontrarse. A veces, es mejor que hables con la voz de Lisandro para burlarte de Demetrio; y, otras veces, imita a Demetrio para molestar a Lisandro. Ve alejándolos hasta que el sueño —hermano de la muerte— cierre sus ojos con sus alas de murciélago y sus pies de plomo. Entonces, presta atención, vierte en los ojos de Lisandro el jugo de esta flor, que disipa los engaños y devuelve la visión a su estado natural. Cuando despierten, todo les parecerá un sueño, una mera ilusión, y volverán a Atenas, unidos por lazos que ni la muerte podrá romper. Mientras tú haces eso, yo iré con la reina a pedirle el niño indio. Luego romperé el hechizo que la une a ese monstruo con cabeza de burro, y todo volverá

8 Aqueronte era uno de los cinco ríos del inframundo, morada de espíritus y muertos. Se dice que en sus aguas todo se hunde, menos la barca de Caronte, quien se encargaba de transportar las almas de los difuntos a cambio de monedas de ceniza que se ponían en los ojos de los muertos.

a la normalidad.

PUCK.- Mi señor feérico, debemos apurarnos. Los dragones de la noche ya atraviesan el cielo y los primeros destellos del amanecer comienzan a iluminar la tierra. Los espectros vagabundos regresan a sus tumbas, ya sean almas de ahogados o de viajeros sin sepultura. Temen ser vistos por el día y se condenan ellos mismos a la sombra.

OBERÓN.- Pero nosotros no somos como ellos. A menudo he jugado con el alba y paseado por los bosques hasta que la puerta del Oriente, enrojecida, se abre lanzando rayos sobre Neptuno, dorando sus olas verdinegras. Pero apúrate; no pierdas tiempo. Estoy seguro de que podemos terminar antes del amanecer.

(Se va OBERÓN.)

PUCK.- Los voy a guiar por colinas y valles. No les daré tregua ni descanso. Me temen tanto en la ciudad como en el campo... Vamos, Goblin, muévelos arriba y abajo. Ya se acerca uno.

(Vuelve a entrar LISANDRO.)

LISANDRO.- ¿Dónde estás, arrogante Demetrio? Responde.

PUCK.- Aquí estoy, villano. Con mi espada ya lista. ¿Dónde estás tú?

LISANDRO.- ¡Ya voy por ti!

PUCK.- Sígueme a un terreno más parejo.

(LISANDRO se aleja siguiendo la voz y vuelve a entrar DEMETRIO.)

DEMETRIO.- ¡Lisandro! ¡Responde de nuevo! ¡Cobarde! ¿Te estás escondiendo? ¿Estás en los arbustos?

PUCK.- El cobarde eres tú, que amenazas a los arbustos, pero no te atreves a luchar contra mí. Ven aquí, bribón. Ven, mocoso. Ni siquiera vale la pena desenfundar la espada por ti.

DEMETRIO.- ¿Dónde estás?

PUCK.- Sigue mi voz. Este no es el lugar para medir nuestras fuerzas.

(Se aleja DEMETRIO, y vuelve a entrar LISANDRO.)

LISANDRO.- Sigue huyendo y me provoca sin parar. Cuando llego al lugar desde donde grita, ya no está. Corre más rápido que yo. Aunque lo he seguido con rapidez, él es más veloz. Ahora me metí por un sendero oscuro y accidentado... Mejor voy a descansar aquí un momento. *(Se acuesta.)*

Apúrate, día, y muéstrame tu luz. Cuando amanezca, encontraré a Demetrio y me vengaré.

(Se duerme. Vuelven a entrar PUCK y DEMETRIO.)

PUCK.- ¡Ja, ja, ja! ¿Por qué no vienes, cobarde?

DEMETRIO.- Espera si te atreves. No haces más que correr y alejarte de un lado a otro, sin enfrentarme cara a cara. ¿Dónde estás?

PUCK.- Estoy aquí mismo.

DEMETRIO.- Ya verás cuando te vea a la luz del día. Por ahora, haz lo que quieras. Estoy agotado. Me voy a recostar aquí. Cuando amanezca, ya sabrás de mí.

(Se echa y se queda dormido. Vuelve a entrar ELENA.)

ELENA.- ¡Noche insoportable! ¡Larga y pesada noche! Acelera tu paso. Sal, aurora, y ayúdame a escapar de aquellos que desprecian mi compañía. Con la luz del día regresaré a Atenas. Y tú, sueño, que a veces alivias la pena cerrando los ojos del dolor, llévame lejos de mí misma por un rato.

(Se acuesta y se duerme.)

PUCK.- Tres ya están dormidos… falta uno. Dos de cada sexo, y serán cuatro. Aquí llega la última, cansada y triste. Cupido sí que es travieso, haciendo que las mujeres pierdan la razón así.

(Vuelve a entrar HERMIA.)

HERMIA.- Nunca estuve tan agotada, ni tan triste. Estoy empapada de rocío y llena de arañazos. No puedo seguir ni un paso más. Mis piernas ya no responden. Me quedaré aquí hasta que amanezca. Si han de pelear, que el cielo proteja a Lisandro.

(Se acuesta y se duerme.)

PUCK.- Descansa aquí, dulce enamorado. Mientras duermes, verteré en tus ojos este hechizo encantado.

(Vierte el jugo sobre los ojos de LISANDRO.)

Al despertar, mirarás a tu amor verdadero, y todo se corregirá. Juan volverá a amar a Juana; todo encajará; cada amante tendrá su pareja. Todo estará bien.

(Se va PUCK.)

Acto IV

Escena I

En el mismo bosque.

Lisandro, Demetrio, Elena y Hermia siguen dormidos.

(Aparecen Titania y Lanzadera, acompañados del cortejo de Duendes y Hadas. Oberón, invisible, les sigue y observa a cierta distancia.)

Titania.- Acércate, ven a recostarte en este lecho cubierto de flores. Deja que acaricie tus suaves mejillas, que corone tu cabeza lisa con rosas de almizcle y que bese tus largas y hermosas orejas, mi dulce y encantador deleite.

Lanzadera.- ¿Dónde está Chicharillo?

Chicharillo.- Aquí estoy.

Lanzadera.- Ráscame la cabeza, Chicharillo. ¿Dónde anda *monsieur* Telaraña?

Telaraña.- Aquí, presente.

Lanzadera.- *Monsieur* Telaraña, buen *monsieur*, tomen sus armas y eliminen esa abeja de muslos rojizos que se posó sobre aquel cardo. Luego, por favor, tráiganme su bolsita de miel. Pero, por favor, no se emocionen demasiado durante la misión, *monsieur*, y cuiden mucho de que la miel no se derrame. No quisiera verlos, *signore*, sepultados bajo un mar de miel… ¿Y *monsieur* Mostaza?

MOSTAZA.- Aquí estoy.

LANZADERA.- Dame la mano, *monsieur* Mostaza. Sin formalidades, buen *monsieur*.

MOSTAZA.- ¿En qué puedo servirte?

LANZADERA.- Nada más, buen *monsieur*, que ayudar al caballero Chicharillo con su noble labor de rascarme. Tengo que ir donde el barbero, *monsieur*, porque tengo el rostro lleno de vello, y soy un burro tan inquieto que, en cuanto algo me pica, no puedo evitar rascarme.

TITANIA.- ¿Quieres escuchar música, dulce amor?

LANZADERA.- En cuanto a música, tengo buen oído. Dame cascabeles y matracas.

TITANIA.- O dime, amor mío, qué te gustaría comer.

LANZADERA.- Francamente, me apetecería un poco de avena, una buena avena, bien seca. Aunque también tengo un gran antojo de un buen manojo de heno, heno fresco y jugoso. No hay nada mejor que eso.

TITANIA.- Tengo un duende rápido y ágil que irá

al escondite de una ardilla a buscarte nueces tiernas.

LANZADERA.- Preferiría uno o dos puñados de habas secas. Pero, por favor, pide a tu gente que me deje tranquilo. Me está entrando sueño.

TITANIA.- Duerme, que yo te sostendré en mis brazos. Hadas, vamos, regresen a sus lugares.

(Las HADAS se van.)

Así como los tallos de la dulce madreselva se entrelazan de forma tan delicada, así como la hiedra abraza con ternura la corteza del olmo, como un anillo de bodas ajustado al dedo de una novia... ¡Oh! ¡Cuánto te amo! ¡Cuánto te adoro!

(Se duermen y entra PUCK.)

OBERÓN.- *(Avanzando.)* Bienvenido, buen Robin. ¿Ves este encantador espectáculo? Comienzo a sentir compasión por su locura. La encontré en la entrada del bosque, recogiendo delicados obsequios para ese detestable bruto. Le reproché su actitud con dureza. Había adornado las lanudas sienes de su amante con guirnaldas de flores frescas y perfumadas. Las gotas de rocío que antes brillaban en los pétalos como perlas del Oriente, ahora, en el fondo de esas flores, parecían lágrimas que lamentaban su degradación. Al regañarla, ella me pidió perdón con palabras suaves y sumisas. Le pedí al niño paje, y me lo entregó sin dudar. Ya he ordenado a una de sus hadas que lo lleve a un rincón de mi reino encantado. Ahora que tengo al niño, le devolveré la vista a su verdadero juicio. Y tú, buen Puck, retira la cabeza de asno de ese rústico ateniense, para que, al despertar, como los demás, regresen todos a Atenas sin más recuerdo de esta noche que la vaga molestia de un sueño extraño. Pero antes, vamos a romper el hechizo de la reina de las hadas.

(Se acerca a Titania y le rocía los párpados con el jugo de una flor.)

Recupera tu esencia, vuelve a ver con claridad. Porque el capullo de Diana tiene el poder de revertir la pasión que despierta la flor de Cupido. Vamos, querida Titania, despierta, mi encantadora reina.

Titania.- *(Despertando.)* ¡Mi querido Oberón! ¡Qué extraños sueños tuve! Me pareció que me había enamorado de un asno.

Oberón.- Aquí está tu amor.

TITANIA.- Pero ¿cómo fue posible eso? ¡Dios mío! ¡Cuán repulsiva me resulta ahora su apariencia!

OBERÓN.- Silencio un momento. Robin, quítale esa cabeza. Titania, haz que suene música, y que sus notas sumerjan a estos cinco en un sueño más profundo que el habitual.

TITANIA.- ¡Música! ¡Eh, música! Toquen algo que adormezca sus sentidos.

(Suena la música.)

PUCK.- *(Haciendo desaparecer la cabeza de asno de LANZADERA y devolviéndole su forma humana.)* Cuando despiertes, verás el mundo nuevamente con tus propios ojos de tonto.

OBERÓN.- ¡Música! ¡Que suene!

(Pausa, suena de nuevo la música.)

Ven, Titania, tómame la mano. Hagamos que el suelo donde descansan estos durmientes tiemble levemente, como si los estuviese acunando. Ya estamos reconciliados tú y yo; al llegar la medianoche, bailaremos en el palacio del duque Teseo, y desearemos dicha y prosperidad a su hogar. También estas dos parejas de fieles amantes unirán sus destinos con júbilo.

Puck.- Rey de las hadas, escucha… ya está cantando la alondra del amanecer.

Oberón.- Entonces, mi reina, sigamos en silencio las sombras de la noche. Podemos dar la vuelta al mundo más rápido que la luna errante.

Titania.- Vamos, mi señor; y mientras volamos, cuéntame cómo es posible que terminara durmiendo esta noche en el suelo, al lado de simples mortales.

(Se van Titania y Oberón. A lo lejos suenan cuernos de caza. Entran Teseo, Hipólita, Egeo y su séquito.)

Teseo.- Que alguien vaya a buscar al guardabosques. Ya hemos cumplido con nuestros rituales y, como aún es temprano, quiero que mi amada escuche el concierto de mis sabuesos. Suéltenlos en el valle del oeste. Vayan… rápido, tráiganme al guardabosques enseguida… Vamos, mi hermosa reina, a la cima de la colina, desde donde podremos escuchar la armonía caótica de los perros y sus ecos.

Hipólita.- Una vez estuve con Hércules y Cadmo, cuando cazaban osos en los bosques de Creta, acompañados por perros espartanos.

Nunca escuché un estruendo tan alegre: no solo el bosque, también el cielo, los arroyos y los campos cercanos parecían unirse en un mismo canto. Jamás oí una disonancia tan musical, un estrépito tan armonioso.

TESEO.- Mis perros son de la misma raza espartana. Tienen la garganta ancha, el pelaje rojizo, orejas largas que rozan el rocío del amanecer, patas arqueadas y cuellos gruesos como toros tesalios. No corren rápido, pero sus ladridos son como campanas que tañen. Ni en Creta, ni en Esparta, ni en Tesalia se ha oído nunca una sinfonía de trompas más armoniosa. Ya lo juzgarán cuando lo escuchen… Pero silencio, ¿quiénes son estas ninfas que se acercan?

EGEO.- Mi señor, esta es mi hija dormida, y aquí está Lisandro; ese otro es Demetrio, y también Elena, la hija del viejo Nedar. Me sorprende encontrarlos aquí a todos, así de juntos.

TESEO.- Quizá salieron temprano para cumplir con los ritos del mes de mayo, y al enterarse de nuestros planes, vinieron a unirse a la ceremonia. Pero dime, Egeo, ¿no es hoy cuando Hermia debe dar su respuesta sobre con quién quiere casarse?

EGEO.- Sí. Así es, señor.

Teseo.- Vayan y pidan a los cazadores que los despierten con el sonido de las trompas.

(Se oyen gritos a lo lejos; luego suenan las trompas. Demetrio, Lisandro, Hermia y Elena despiertan sobresaltados y se levantan.)

Buenos días, amigos. Ya pasó el día de San Valentín. ¿No es hoy cuando las aves del bosque comienzan a emparejarse?

Lisandro.- Con su permiso, señor.

(Lisandro y los demás se arrodillan ante Teseo.)

Teseo.- Pónganse de pie, por favor. Sé que tú y él eran enemigos. ¿Cómo se explica, entonces, esta nueva armonía? ¿Cómo es que el odio ha bajado las armas y reposa tranquilo al lado del odio, sin temer ningún acto de hostilidad?

Lisandro.- Señor, no sabría explicarlo. Todavía estoy entre dormido y despierto, y lo que digo es lo más honesto que puedo: llegué aquí con Hermia. Nuestra intención era huir de Atenas para poder escapar así de sus leyes.

Egeo.- *(Interrumpiendo.)* Basta, mi señor, ya ha dicho suficiente. Reclamo que se aplique la ley... ¡La ley sobre su cabeza! Iban a fugarse, se burlaban de todos, planeaban robarle a Demetrio su prometida, e invalidar mi voluntad de dar en matrimonio a mi hija.

DEMETRIO.- Señor, la bella Elena me contó de su fuga y de lo que planeaban. Los seguí con furia, y el amor llevó también a Elena detrás de mí, siguiendo mis pasos. No sé cómo pasó, señor, pero, de pronto, el amor que sentía por Hermia se desvaneció como la nieve al sol. Ahora solo tengo ojos para Elena. Antes me había prometido con ella, y aunque la desprecié como un enfermo desprecia la comida, ahora que he sanado, ha vuelto mi deseo por ella. La amo, suspiro por ella, y le seré fiel por siempre.

TESEO.- ¡Qué fortuna encontrar a estos felices amantes! Ya nos contarán los detalles más tarde. Egeo, tendrás que aceptar mi decisión. Hoy, junto con nosotros, estas dos parejas también se unirán en matrimonio. Ya ha pasado la mañana, así que dejaremos la cacería para otro momento. Acompáñennos de regreso a Atenas. Hoy celebraremos una única y gran festividad para las tres parejas.

(Se van TESEO, HIPÓLITA, EGEO y su séquito.)

DEMETRIO.- Todas estas aventuras y vivencias se me presentan como en una confusa distancia, igual que esas montañas de lejos se convierten en simples nubes.

Hermia.- Sé bastante bien que soy víctima de una ilusión óptica que me engaña y por eso veo las cosas dobles.

Elena.- Yo también me siento así. Demetrio, de pronto, me parece como una piedra preciosa que hubiese encontrado, que es mía y a la vez no es mía.

Demetrio.- ¿Todos están completamente seguros de que estamos despiertos? No sé por qué algo me dice que seguimos dormidos, que todavía estamos soñando. ¿No les parece que el duque acaba de estar aquí hace un momento y que nos ha dicho que le siguiéramos?

Hermia.- Sí, me parece que así pasó. Y también estaba mi padre.

Elena.- Hipólita también estaba presente.

Lisandro.- Y nos invitó a seguirle hasta el templo.

Demetrio.- Pues esto es prueba suficiente para decir que estamos despiertos. Vamos a seguirle y, mientras caminamos, ya nos contaremos los sueños que tuvimos.

(Se van.)

Lanzadera.- *(Despertando.)* Cuando sea mi turno, me llaman y les responderé. Mi turno debe venir después de estas palabras: "Mi hermoso

Píramo". ¡Ey! ¡Hola, Pedro Cuña! ¡Flauta, remiendafuelles! ¡Hocico, calderero! ¡Hambrón! ¡Que los dioses me ayuden! ¿Acaso no se han ido todos de mi lado, dejándome dormir? He tenido unas visiones maravillosas. Un sueño febril y enloquecedor. Ni todas las facultades del hombre serían suficientes para poder expresar lo que fue este sueño. Si intentara explicarlo, no sería más que un burro. Me dio la sensación de que era… nadie en el mundo podría decir qué. Creí que tenía… pero sería completamente necio el hombre que tuviese la osadía de decir lo que me ha parecido que tenía. Los ojos del hombre no han escuchado, ni los oídos del hombre han observado, ni la mano del hombre podría saborear, ni su lengua pensar, ni su corazón expresar lo que fue mi sueño. Debo lograr que Pedro Cuña componga una canción sobre este sueño que tuve. Se llamaría "El sueño del tejedor" [9],

9 *Bottom's dream*, en el inglés original, podría traducirse literalmente como "sueño del asiento", "sueño de lo más bajo", "sueño del fondo". Hay un juego de palabras con el resto de la frase que resulta complejo traducir al castellano: *It shall be called "Bottom's Dream" because it hath no bottom*, que también podría traducirse de forma literal como: Se llamará "El sueño del fondo" porque no tiene fondo. Se ha optado, en esta versión, sin embargo, por una traducción más poética, haciendo un juego con la profesión de Lanzadera, que es tejedor.

porque ha sido un tejido de puras maravillas, y la cantaré frente al duque justo después de nuestra representación. Incluso es posible que también la cante después de mi muerte, para hacerlo todo más gracioso.

(Se va LANZADERA.)

Escena II

En Atenas, en una habitación en casa de Cuña.

Aparecen Cuña, Flauta, Hocico y Hambrón.

Cuña.- ¿Se ha enviado algún tipo de aviso a la casa de Lanzadera? ¿Se sabe si ya ha regresado?

Hambrón.- Todavía no se sabe nada de él. Sin duda está hechizado.

Flauta.- Si no viene, ¡adiós comedia! No podremos llevarla a cabo, ¿no es cierto?

Cuña.- No, sería imposible. No existe en toda Atenas un hombre que sea capaz de representar a Príamo como lo haría él.

Flauta.- Es cierto; él posee, francamente, el talento más desarrollado de los artesanos de Atenas.

Cuña.- Y también es el chico más guapo de todos; su voz no admite «piragón» alguno en el mundo.

Flauta.- Querrás decir parangón, porque, ¡Dios nos proteja de ese monstruo!, el piragón es un bicho simplemente asqueroso.

(Aparece Berbiquí.)

Berbiquí.- Señores, el duque está llegando justo ahora del templo. Viene acompañado de dos o tres señoras y damas que se han casado al mismo tiempo que él, todos juntos. Si hubiésemos podido representar nuestra obra tan divertida, nuestra fortuna ya estaría echada.

Flauta.- ¡Oh! Felicidades, Lanzadera, te has eximido de una renta de seis peniques diarios por el resto de tu vida. Era prácticamente imposible que no le concedieran al menos seis peniques diarios. Sí, estamos seguros de que el duque le hubiese dado una renta de seis peniques de por vida solo por haber interpretado el papel de Píramo y si no hubiese sido así, pues que me ahorquen. Y se los habría merecido; esos seis peniques diarios o nada por hacer el papel de Píramo.

(Aparece Lanzadera.)

Lanzadera.- ¿Dónde se encuentran esos muchachos? ¿Dónde están esas almas mías?

Cuña.- ¡Lanzadera! ¡Oh, qué día tan grandioso! ¡Qué hora tan afortunada!

Lanzadera.- Amigos, tengo que contarles un montón de cosas asombrosas, pero no me pregunten de qué se trata, porque si se lo digo, no soy entonces un verdadero ateniense. Ya les contaré todo sin omitir ningún detalle, nada, les contaré todo tal como sucedió.

CUÑA.- Sí, cuéntanos, cuéntanos todo, amable Lanzadera.

LANZADERA.- No sacarán nada de mí. Les diré únicamente que el duque ya ha comido. Vayan a entrar en personaje; pónganse bien las barbas y unas cintas nuevas en las zapatillas. Vayan a reunirse de inmediato al palacio; que cada uno repase y practique bien su papel, pues lo blanco y negro de la cuestión es que nuestra obra se va a llevar a escena. De todas formas, que Tisbe mejor se ponga ropa blanca y que el que interpreta el papel del León no se recorte las uñas, así darán la sensación de ser las garras de la propia bestia. Y todos los demás, queridos actores, procuren por favor, no comer ajos ni cebollas, porque lo más importante ahora es que tengamos la palabra dulce, y, siguiendo estos pasos, estoy completamente seguro de que escucharemos más adelante que nuestra obra resultó ser la flor y nata de todas las comedias. Ni una palabra más. Vamos, adelante.

(Se van.)

Acto V

Escena I

En Atenas, es una habitación en el palacio de Teseo.

Aparecen Teseo, Hipólita, Filóstrato, señores y acompañamiento.

Hipólita.- Es muy extraño lo que cuentan esos enamorados, querido Teseo.

Teseo.- Más irreal que creíble. Nunca podré tomar en serio esas viejas fábulas ni esos cuentos de hadas. Dejemos que los amantes, con su imaginación tan encendida, vivan esas fantasías extravagantes que van más allá de lo que la razón puede captar. El loco, el enamorado y el poeta tienen algo en común: todos viven guiados por la imaginación. El loco ve más demonios de los que el mismo infierno podría contener; el amante, igual de irracional, ve la belleza de Elena en el rostro de una gitana; y el poeta, arrebatado por su pasión, eleva su mirada del cielo a la tierra y de la tierra al cielo sin cesar. La imaginación le da forma a cosas que no necesariamente existen, y el poeta les da vida, las nombra y les otorga un hogar etéreo. Tales son los caprichos de una mente así de alucinada que, si se siente feliz, inventa un ser que lleve esa misma alegría; y si de noche se llena de miedo, fácilmente confunde una zarza con un oso.

Hipólita.- Pero todo lo que nos han contado sobre lo que pasó esa noche, la transformación de los sentidos y la propia mente de esas personas... hay algo en todo eso que va más allá de una simple ilusión. Es extraño y curioso, sí, pero también admirable.

(Entran Lisandro, Demetrio, Hermia y Elena.)

Teseo.- Aquí llegan los enamorados, llenos y radiantes de dicha. ¡Felicidades, queridos amigos! Que la alegría y el amor acompañen siempre a sus corazones.

Lisandro.- ¡Y aún más a ustedes, que su hogar y su lecho se llenen siempre de bendiciones!

Teseo.- Vamos a ver, ¿qué espectáculo, qué danza tendremos para llenar este largo lapso de tres horas entre la cena y la hora de dormir? ¿Dónde está el maestro de ceremonias? ¿Qué entretenimiento es el que tenemos a mano? ¿No hay alguna comedia para aliviar esta tediosa espera? Por favor, llamen a Filóstrato.

(Aparece Filóstrato.)

Filóstrato.- Aquí estoy, señor, noble Teseo.

TESEO.- Dime, ¿qué distracción tienes preparada para esta noche? ¿Qué mascarada, qué música? ¿Cómo haremos que el tiempo no se nos haga eterno sin un pasatiempo?

FILÓSTRATO.- Aquí tengo una lista de las diversiones que he organizado. Su alteza puede elegir con cuál le gustaría comenzar.

(Le entrega un papel.)

TESEO.- *Aventura de los centauros*, cantada al arpa por un eunuco ateniense. No, no queremos eso. Ya le conté esa historia a mi prometida en honor a mi pariente lejano Hércules.

La rebelión de las Bacantes ebrias, que desgarran al cantor de Tracia. Me parece que ese tema es un poco anticuado, se representó cuando regresé victorioso de Tebas.

Nueve Musas lamentan la muerte del Saber, recientemente fallecido en la miseria. Esto parece una sátira bastante amarga, un poco inapropiada para una celebración de bodas, ¿no te parece?

Breve y molesta escena de Píramo y su amada Tisbe. Una farsa muy trágica. ¿Una comedia trágica? ¿Molesta y breve? Eso es como decir hielo ardiente o nieve negra. ¿Cómo es posible unir tantas contradicciones?

FILÓSTRATO.- Es una pieza, señor, que no supera las diez palabras. Lo más corto que conozco en cuanto a representaciones. Aunque, con todo y eso, ya es demasiado larga. Resulta pesada, porque no tiene ni palabras acertadas ni actores realmente competentes. Y sí, es trágica, señor, porque en ella Píramo se quita la vida. Cuando la vi ensayar, lo confieso, se me humedecieron un poco los ojos... pero de la risa.

TESEO.- ¿Y quiénes son los que representan esta obra?

FILÓSTRATO.- Unos hombres sencillos, mi señor: trabajadores de Atenas, sin formación, que han memorizado esta obra por puro respeto a su boda.

TESEO.- Entonces quiero verla.

FILÓSTRATO.- Pero no es digna de usted, señor. La he escuchado y realmente no vale nada. Salvo por la buena intención, el esfuerzo sobrehumano y el empeño increíble que han puesto por agradarle.

TESEO.- Precisamente por eso quiero verla. Cuando algo nace del corazón y el deber, nada me parece mal. Que los traigan, y tomen asiento, damas.

(Se va FILÓSTRATO.)

HIPÓLITA.- No me agrada ver cómo fracasa el esfuerzo humilde, ni cómo el deber termina siendo humillado.

TESEO.- No verás eso, amor mío.

HIPÓLITA.- Dicen que no tienen talento para esto.

TESEO.- Y por eso es aún más noble darles las gracias y la oportunidad de representar la obra. Nuestra diversión será observar sus errores con cariño. Cuando el deseo de agradar no alcanza, el buen juicio aprecia la intención mucho más que el resultado. En muchos lugares, las personas más importantes me han recibido con discursos elaborados y falsos, y las he visto temblar, palidecer, trabarse al hablar, incluso quedarse mudos del miedo... Y, aun así, ese silencio fue la mejor bienvenida. En su nerviosa honestidad leí más que en cualquier discurso brillante y ruidoso. Así que, para mí, el amor y la sencillez callada comunican más que mil palabras.

(Vuelve a entrar FILÓSTRATO.)

FILÓSTRATO.- Con su permiso, señor, el Prólogo está listo.

TESEO.- Pues dile que pase, adelante.

(Trompetas festivas. Aparece CUÑA, *como* PRÓLOGO.*)*

PRÓLOGO.- Si los ofendemos, es con nuestra mejor intención.

Créanlo, no venimos a molestar, sino movidos por buena voluntad.

Mostrar nuestro deseo de servirles, ese es nuestro verdadero propósito.

Consideren que, aunque venimos a aburrir, también venimos a entretener.

No buscamos irritar; los actores están listos, y con sus gestos verán cuánto desean agradarles.

TESEO.- Este joven no se detiene en nada.

LISANDRO.- Pasó por el prólogo como un potro sin riendas: sin pausas. Buena lección, señor; no basta con hablar, hay que hablar con sentido.

HIPÓLITA.- Lo recitó como un niño soplando una flauta: con sonido, pero sin ritmo.

TESEO.- Su discurso era como una cadena desordenada: tenía todas las piezas, pero mal colocadas. ¿Qué es lo que sigue ahora?

(Entran en pantomima PÍRAMO, TISBE, MURO, CLARO DE LUNA *y* LEÓN.*)*

PRÓLOGO.- Distinguidos espectadores, quizás esta

pantomima les cause asombro, pero esperen a que la verdad lo aclare. Este hombre es Píramo, si quieren saberlo; y esta dama hermosa es Tisbe, sin duda alguna. Este otro, cubierto de cal y con extraña apariencia, es el Muro, ese infame muro que separaba a los enamorados. A través de su grieta, los pobres se conformaban con susurros, cosa que no debería de sorprenderles. Este hombre, con linterna, perro y ramas de espino, representa el Claro de Luna; pues estos amantes, si les interesa saberlo, no dudaban en encontrarse bajo la luz de la luna, junto a la tumba de Nino, para cortejarse.

Esta bestia feroz es el León, que asustó a la fiel Tisbe cuando ella llegó primero de noche; al huir, dejó caer su capa, que el monstruo manchó con sangre. Luego llegó Píramo, joven apuesto y valiente, y al ver la capa ensangrentada de su amada, se atraviesa el corazón con su propia espada. Y Tisbe, escondida bajo una morera observando todo el desastre, saca su daga y se da muerte. Lo demás —el León, el Claro de Luna, el Muro y los amantes— lo representarán con detalle mientras estemos aquí.

(Salen el PRÓLOGO, PÍRAMO, TISBE, LEÓN y CLARO DE LUNA.)

Teseo.- ¡Me sorprende tanto que hable el León!

Demetrio.- No es de sorprenderse, señor; un león puede hacer lo que también hacen muchos asnos.

Muro.- (Hocico) Durante esta escena, yo, cuyo nombre es Hocico, interpreto un muro. Quiero que me imaginen como un muro verdadero, con una grieta por la que los enamorados, Píramo y Tisbe, solían hablar en secreto. Esta cal, este yeso y estas piedras representan, pues, que yo soy, efectivamente, ese muro. Y por esta abertura, que ven de derecha a izquierda, es por donde los enamorados cuchichean.

Teseo.- ¿No sería mejor que el yeso y la peluca hablaran por sí mismos?

Demetrio.- Ha sido el relato más ingenioso que he escuchado jamás, señor.

Teseo.- Píramo se acerca al muro. ¡Todos guarden silencio!

(Vuelve a entrar Píramo.)

Píramo.- ¡Oh, qué noche tan terrible! ¡Qué noche tan negra como el carbón!

¡Noche que lo eres cuando el día no puede ser!

¡Oh, noche! ¡Noche! ¡Ay de mí!

Tengo miedo de que Tisbe haya olvidado su promesa.

¡Y tú, oh, muro! ¡Oh, dulce y querido muro!

Que te alzas entre la casa de su padre y la mía.

¡Oh, muro! ¡Oh, amado muro! Muéstrame tus grietas para poder mirarla.

(El MURO extiende sus dedos.)

PÍRAMO.- ¡Gracias, gentil muro! ¡Que Júpiter te bendiga por esto! Pero ¿qué es lo que veo? ¡Tisbe no aparece! ¡Oh, muro malvado, que me niegas la dicha que buscan mis ojos! ¡Malditas sean tus piedras por engañarme así!

TESEO.- Ya que el Muro puede hablar, debería responderle a su vez con una maldición.

PÍRAMO.- Eso no, señor; no debe hacerlo. "...por engañarme así" es el pie de entrada de Tisbe. Ahora viene, y yo debo espiarla a través del muro. Verán que todo sucede tal y como dije. Ahí está.

(Vuelve a entrar TISBE.)

TISBE.- ¡Oh, muro! ¡Cuántas veces has escuchado mis llantos por estar separada de mi amado Píramo! Mis labios de cereza han besado tus piedras, piedras unidas con cal y pelo.

PÍRAMO.- ¡Veo una voz! Voy a acercarme a la abertura para oír el rostro de mi Tisbe. ¡Tisbe!

TISBE.- ¡Amor mío! Presumo que tú eres el mío.

PÍRAMO.- Presume lo que quieras. Yo soy el amor de tu amor; y como "Limandro", yo siempre te seré fiel.

TISBE.- Y yo, como Elena, hasta que el destino me destruya.

PÍRAMO.- *Sáfalo* no fue tan fiel a *Procro*.

TISBE.- Y yo a ti te soy tan fiel como *Procro* lo fue a *Sáfalo*.

PÍRAMO.- ¡Oh! ¡Bésame a través del hueco de esta vil muralla!

TISBE.- Beso el hueco del muro, pero no tus labios completamente.

PÍRAMO.- ¿Quieres encontrarte conmigo en el monumento de Nino?

TISBE.- En vida o muerte, sin tardar, allí me encontrarás.

(Se van PÍRAMO y TISBE.)

MURO.- Así que yo, el Muro, ya cumplí con mi papel, y como ya lo he terminado, el muro se retira.

(Se va.)

TESEO.- Ahora sí que ha caído la pared que separaba a estos dos vecinos.

DEMETRIO.- No había otra opción, señor, cuando hay muros que escuchan sin avisar.

HIPÓLITA.- Esto es lo más absurdo que he escuchado en mi vida.

TESEO.- Las mejores obras de este tipo no son más que fantasías, y las peores... bueno, la imaginación puede mejorarlas.

HIPÓLITA.- Entonces hay que agradecerle a tu imaginación, no a la de ellos.

TESEO.- Si imaginamos de ellos lo que ellos creen de sí mismos, nos parecerán personas brillantes. Aquí vienen dos nobles bestias: un hombre y un león.

(Entran el LEÓN y CLARO DE LUNA.)

EL LEÓN.- Damas presentes, todos ustedes, cuyos frágiles corazones se asustan ante un pequeño ratón que se arrastra por el suelo, quizá tiemblen y se estremezcan cuando ruge con furia un león salvaje. Por eso, deben saber que yo, Berbiquí, el carpintero, no soy ni un león bravo ni una leona feroz, porque, si realmente viniera como un león, no tendría ningún perdón para mi vida.

TESEO.- Esta sí que es una bestia humilde y con una conciencia enorme.

DEMETRIO.- Es la bestia más imponente que he visto, señor.

LISANDRO.- Por su valentía, este león es más bien un zorro.

TESEO.- Cierto; y por su prudencia, un ganso.

DEMETRIO.- No, señor; su valor no supera a su juicio más que un zorro a un ganso.

TESEO.- Y su juicio tampoco supera a su valor, como un ganso no supera a un zorro. Pero, en fin, dejémoslo con su juicio y escuchemos lo que dice la luna.

CLARO DE LUNA.- Esta linterna representa los cuernos de la luna...

DEMETRIO.- Debería llevarlos sobre la cabeza.

TESEO.- Es que no está en fase creciente, por eso los cuernos están ocultos en el disco.

CLARO DE LUNA.- Esta linterna representa los cuernos de la luna; y yo mismo represento al hombre de la luna.

TESEO.- Este sí que es el error más grande de todos. Este hombre debería meterse dentro de la linterna. ¿De qué otra forma sería el hombre de la luna?

DEMETRIO.- No se mete por miedo a la vela. ¡Mírenlo, ya está encendido![10]

HIPÓLITA.- Estoy harta de esta luna. Ojalá cambiara ya de una vez.

TESEO.- Por la poca luz que irradia su inteligencia, parece que está menguando. Pero por cortesía, vamos a dejar que terminar su fase.

LISANDRO.- Venga. Adelante, Luna, continúa.

CLARO DE LUNA.- Todo lo que tengo que decir es que esta linterna es la luna, yo soy el hombre de la luna, este manojo de espinos son mi manojo de espinos, y este perro, es mi perro.

DEMETRIO.- Entonces todo eso debería meterse dentro de la linterna, porque todo está en la luna. Pero silencio, aquí se acerca Tisbe.

(Reaparece TISBE.)

TISBE.- Esta es la tumba del viejo Nino. ¿Dónde se encuentra mi amor?

EL LEÓN.- *(Ruge)* ¡Grrrr!

(TISBE huye.)

DEMETRIO.- ¡Bien rugido, León!

10 *He dares not come there for the candle: for, you see, it is already in snuff.* En inglés, en el original, es un juego de palabras que no tiene sentido en castellano. El doble sentido de esta frase bien podría significar "estar irritado", *in snuff.*

TESEO.- ¡Bien huida, Tisbe!

HIPÓLITA.- ¡Bien iluminado, Claro de Luna! La verdad, la luna ha brillado con cierta gracia.

(El LEÓN destroza el manto de TISBE y se va.)

TESEO.- ¡Bien desgarrado, León!

DEMETRIO.- Y ahora entra Píramo.

LISANDRO.- Y con eso, el león desaparece.

(Reaparece PÍRAMO.)

PÍRAMO.- ¡Querida luna, gracias por tus rayos! Gracias por alumbrar con tanta intensidad, porque con tu brillante luz espero poder ver el rostro de mi amada y fiel Tisbe. Pero ¡espera! ¡Qué tragedia!

¡Qué horror veo ante mis ojos! ¿Estoy viendo bien? ¡Oh, adorable doncella! ¡Mi amada! Tu delicado manto... ¿pero qué es lo que veo? ¡Está destruido y manchado de sangre! ¡Acérquense, furias del infierno![11] ¡Oh, Destinos, vengan, vengan! ¡Corten hilos y madejas! ¡Aplasten, destruyan, terminen conmigo de una buena vez!

TESEO.- Este estallido de dolor y la muerte de esa forma de una amante realmente podría conmover a cualquiera.

11 Diosas de la venganza que sirven a Hades. Eran sus torturadoras en el inframundo.

HIPÓLITA.- Me revuelve el alma... aunque me da un poco de pena este pobre hombre.

PÍRAMO.- ¡Oh, Naturaleza, por qué creaste al león! Él ha destrozado a mi amada, que es —¡no, no!— que *era* la más bella de todas las mujeres que amaron, vivieron, gozaron y sonrieron. ¡Lágrimas, venid a inundarme! ¡Espada, ven a mí! ¡Sí, hiéreme en el costado izquierdo, justo donde late mi corazón! ¡Así muero! ¡Así, así, así!

(Se apuñala.)

Ya estoy muerto; me desvanezco; mi alma se está elevando al cielo.

¡Lengua, calla para siempre! ¡Luna, apágate y vete!

(Se va CLARO DE LUNA.)

¡Ahora me muero, muero, muero, muero, muero!

(Se muere.)

DEMETRIO.- Ya se cayó muerto. Y como los dados... puede que haya sacado un as.

LISANDRO.- Un as... no es. Se murió, ya no queda nada.

TESEO.- Con un buen cirujano aún podría salvarse. Y al final, al transformarse, seguiría siendo un asno.

HIPÓLITA.- ¿Y por qué Claro de Luna se va antes de que Tisbe regrese y vea a su amado?

TESEO.- Ella lo encontrará con la luz de las estrellas. Ahí viene, ahí viene, y su dolor se encargará de concluir esta obra.

(Reaparece TISBE.)

HIPÓLITA.- No creo que dure mucho más, tratándose de este Píramo. Ojalá termine pronto.

DEMETRIO.- Una pluma bastaría para decidir quién lo hace peor, si Píramo o Tisbe. Él, como hombre… ¡Dios nos libre! Pero ella, como mujer… ¡Dios nos ayude!

LISANDRO.- ¡Ya lo ha visto con sus tiernos ojitos!

DEMETRIO.- Y ahora llorará así, *videlicet.* [12]

TISBE.- ¿Estás dormido, amor mío? ¿O estás… muerto? ¡Oh, Píramo, despierta! ¡Háblame, dime algo, cualquier cosa! ¿Estás en silencio? ¡Muerto, muerto! ¡Un sepulcro debe cubrir tus lindos ojos! ¡Esos labios de lirio, esa naricita de cereza, esas mejillas de amarilla retama… se fueron, se fueron! ¡Lloren conmigo, enamorados! ¡Sus ojos eran verdes como los pue-

12 · Expresión latina que puede significar: "es decir", "concretamente", "a saber", "de la siguiente forma". Para aclarar algo, describirlo, dar cuenta de.

rros! ¡Oh, Parcas,[13] vengan a mí con manos blancas como la leche! ¡Vamos a mancharnos con sangre, ya que cortaron su hilo de seda! ¡Lengua, no te atrevas a decir nada más! ¡Ven conmigo, fiel espada! ¡Ven, atraviesa mi pecho!

(Se apuñala.)

¡Adiós, amigos! ¡Así es el final de Tisbe! ¡Adiós, adiós, adiós!

(Se muere.)

TESEO.- ¡El Claro de Luna y el León deberían quedarse para enterrar a los muertos!

DEMETRIO.- Sí, y también el Muro.

LANZADERA.- Les aseguro que no. El muro que separaba las casas ya fue derribado. ¿Les agradaría ver el epílogo, o prefieren una danza bergamasca, interpretada por dos actores de nuestra compañía?

TESEO.- Epílogo no, por favor; su obra no necesita disculpas. Cuando todos los actores están muertos, ya no queda nadie a quién culpar. Vaya, si el autor hubiera hecho de Píramo y se hubiera colgado con una liga de Tisbe, ha-

13 En la miología romana, las Parcas eran tres hermanas viejas que personificaban el destino. Ellas determinan las vidas de los seres humanos y son las que tienen el control del hilo de la vida.

bría sido una tragedia gloriosa… y, aun así, lo es. Bien interpretada. Pero, vamos, traigan la danza bergamasca y dejemos el epílogo de lado.

(Aparece la DANZA.)

DANZA.- La lengua de hierro de la medianoche ya dio las doce.

Enamorados, a la cama; ya es hora del reino de las hadas.

Temo que dormiremos hasta bien entrada la mañana, porque esta noche ha sido larga.

Este disparate nos ayudó a pasar más rápido las horas tediosas de la noche.

Queridos amigos, ahora a descansar.

Durante dos semanas celebraremos nuestra unión, con fiestas nocturnas y nuevos placeres.

(Se van.)

Escena II

Aparece Puck.

Puck.- Es ahora cuando ruge el león hambriento
y el lobo le aúlla a la luna;
mientras el campesino agotado ronca profundamente,
vencido por el duro trabajo del día.
Las últimas brasas aún chispean,
mientras que el búho, chillando en tono agudo,
trae al desgraciado que permanece en el dolor
el recuerdo del sudario.
Es la hora en que las tumbas abren
sus rugientes bocas y liberan espectros
que recorren los senderos del cementerio.
Y nosotros, los espíritus del bosque,
los que seguimos el rastro del triple carro de
Hécate, esquivando la presencia del sol
y caminando de la mano con la noche, como un sueño,
jugamos bromas y revoloteamos en silencio.
No habrá ni un ratón que perturbe esta casa bendecida.
Me enviaron antes que a los demás, escoba en mano,

para barrer el polvo acumulado tras las puertas.

(Entran OBERÓN *y* TITANIA *con su séquito de hadas.)*

OBERÓN.- Que esta casa se llene de una luz tenue,
como la de las llamas que se apagan.
Que cada hada y espíritu encantado salte con ligereza,
como un ave sobre espinos.
Y luego, síganme todos y canten y bailen alegres.

TITANIA.- Primero, entonemos nuestra canción,
dejando que cada nota suene suave y mágica.
Tomados de la mano, con gracia encantada,
cantaremos y bendeciremos este lugar.

(Cantan y bailan.)

OBERÓN.- Hasta que despunte el alba,
que cada hada explore libremente este hogar.
Nosotros iremos a la mejor de nuestras camas nupciales,
donde daremos nuestra bendición.
Y los hijos nacidos de esas uniones
serán siempre afortunados.
Así, las tres parejas vivirán con amor y fidelidad.
Y las manos manchadas de la Naturaleza
no caerán sobre sus descendientes:
ni verrugas, ni hocico de conejo,

ni cicatrices, ni señales temidas
que a menudo vuelven oscuro el milagro del nacimiento.
Nada de eso tocará a sus hijos.
Con este encantamiento de campo y estrellas,
que cada hada se disperse y derrame bendiciones
sobre todas las habitaciones de este palacio,
trayendo dulzura, calma y paz.
Que reine la armonía
y el sueño sea bienaventurado.
Váyanse bien lejos,
no se queden más tiempo,
ya nos encontraremos cuando despunte el alba.

(Se van Oberón, Titania y el séquito.)

Puck.- Si nosotros, simples sombras, les hemos ofendido,
piensen solo esto —y todo queda resuelto—:
que se quedaron aquí durmiendo
mientras se desarrollaban esas ilusiones.
Y esta ficción ligera y humilde
no será más que la fragilidad de un sueño.
Amables espectadores, no nos juzguen con dureza.
Si nos dan su perdón, prometemos hacerlo mejor.
Y yo, Robin Puck, les juro

que si hemos logrado librarnos esta vez
del siseo de alguna lengua venenosa,
en la próxima ocasión, seremos más cuidadosos.
Y si no lo logro, pueden llamar a Puck mentiroso.
Así que buenas noches a todos.
Denme sus manos, si acaso somos amigos,
y Robin sabrá cómo recompensarlos.

(Se va.)

FIN

Índice